Revelando Secretos
El poder irresistible de la visualización de datos

JULIAN GRIJALBA FACUNDO

DEDICATORIA

Este libro está dedicado a mi familia, mi roca y mi refugio, la fuente de mi fuerza y mi inspiración. Su amor y apoyo incondicional han sido la luz que me ha guiado a través de los caminos más oscuros y los desafíos más grandes.

También dedico este libro a la maravillosa oportunidad de vivir. Cada amanecer nos regala un lienzo en blanco, una ocasión para pintar con colores vivos, para aprender, y para descubrir. Al igual que en la visualización de datos, cada día revela sus propios secretos y patrones; es un recordatorio constante de la belleza que se encuentra en los detalles, en los momentos que a menudo damos por sentado.

Quiero extender esta dedicatoria a todos aquellos que encuentran alegría en los pequeños momentos, y que abrazan cada día con un espíritu de gratitud y asombro. Que este libro sirva como una brújula, señalándoles hacia los tesoros escondidos en los océanos de datos que nos rodean, y recordándoos del infinito potencial que yace en cada nuevo amanecer.

Que al sumergirnos en estas páginas, encontremos la inspiración para vivir con pasión, para abrazar a nuestros seres queridos un poco más fuerte, y para apreciar la efímera belleza de un día a la vez.

CONTENIDO

PROLOGO

En el mundo actual, inundado de información, donde la producción de datos está creciendo a un ritmo sin precedentes, un faro brilla con fuerza, guiándonos a través de la densa neblina de los números y las estadísticas: la visualización de datos. Este fascinante campo nos permite traducir los patrones complejos y las conexiones ocultas en los datos en formas y colores que nuestros cerebros pueden comprender e interpretar fácilmente. A través de la visualización de datos, somos capaces de convertir los abstractos unos y ceros en relatos y narrativas que pueden informar, persuadir, e incluso, a veces, asombrar.

Así es, querido lector, te invito a embarcarte en una emocionante travesía a través del amplio y profundo mar de la visualización de datos. Un viaje que te llevará desde la estética de los colores, formas y tamaños hasta el poder de las técnicas y herramientas más recientes y avanzadas en este campo. Conocerás a Python y R, tus nuevos compañeros de ruta en este viaje, y aprenderás a navegar los turbulentos mares de la ética y la protección de datos. Al final, te enseñaremos a aplicar todo lo aprendido para contar historias cautivadoras con tus datos y a explorar las vastas posibilidades de la visualización de datos en la práctica industrial.

Así que, ¿estás listo para zarpar? ¿Estás listo para descubrir los secretos ocultos en tus datos y darles vida a través de las visualizaciones? Si es así, ven, únete a nosotros en esta aventura, y juntos exploraremos el fascinante mundo de la visualización de datos.

INTRODUCCION

¡Bienvenido al maravilloso mundo de la visualización de datos!

Estoy emocionado de que te embarques en este viaje. A medida que avanzamos, verás que la visualización de datos es una combinación intrigante de arte y ciencia. Necesitaremos el poder del análisis y la sutileza de la estética para crear visualizaciones que realmente cuenten una historia. Al igual que con cualquier otra habilidad, habrá un proceso de aprendizaje y habrá desafíos en el camino. Pero te aseguro que cada paso valdrá la pena.

La visualización de datos está en el corazón de casi todos los campos de estudio y de la industria en la actualidad. Desde las ciencias hasta las humanidades, desde el periodismo hasta la política, todos están recurriendo a la visualización de datos para comprender la complejidad de los datos y comunicar eficazmente la información. No hay mejor momento para aprender y dominar esta valiosa habilidad que AHORA.

Recuerda, no estamos solo analizando datos; estamos contando historias a través de ellos. Estamos presentando la información de una manera que atrae a la gente, que les hace pensar y que, en última instancia, les ayuda a entender el mundo de una manera más profunda. Cada gráfico, cada tabla, cada diagrama es una oportunidad para iluminar, inspirar y provocar un cambio.

Por último, aunque este libro está diseñado para ser una guía completa para la visualización de datos, no es el fin de tu aprendizaje. Al contrario, es el comienzo. Te animo a seguir explorando, a seguir experimentando y a seguir creciendo. Continúa buscando nuevas formas de visualizar datos, contar historias y de conectar con la gente. Después de todo, el mundo de la visualización de datos es tan amplio y diverso como los datos mismos.

Y con esto, ¡comienza nuestra aventura! Elevemos anclas y partamos hacia el fascinante mar de la visualización de datos.

PARTE I: COMENZANDO EL VIAJE DE LA VISUALIZACIÓN DE DATOS

Hay un viejo dicho que afirma: "Un viaje de mil millas comienza con un solo paso". En nuestro caso, ese primer paso de nuestro viaje inicia con un trazo, un dibujo o incluso una imagen.

Ahora, pongámonos en la siguiente situación; imagina que te encuentras al borde de un mar de información, un océano vasto e inabarcable de datos. Millones de puntos de luz brillan desde las profundidades, cada uno hace parte de una pieza del rompecabezas. ¿Te suena complejo?, pues te cuento que es la realidad, tenemos tantos datos como estrellas y por esto ¿Cómo pueden simples mortales como tu o yo comenzar a entender esta inmensidad? ¿Cómo podemos bucear en este mar sin ser abrumado por la marea de información? Aquí es donde inicia nuestra travesía, y justo ahora es donde nuestra nueva mejor amiga entra en escena, se las presento es la visualización.

Esta primera parte de nuestro viaje juntos, "Comenzando el Viaje de la Visualización de Datos", es precisamente eso, un inicio. Nos adentramos juntos en este vasto mar de datos, armados con las herramientas y técnicas de la visualización de datos. Comenzaremos con una introducción a este fascinante mundo, una panorámica que nos permita entender su grandeza y potencial. Te presentaremos a los protagonistas de este viaje: los colores, las formas y los tamaños, y descubrirás cómo estos simples elementos pueden transformarse en poderosas materiales en la narración y el conocimiento.

Así que, querido lector, te invito a que te pongas tus botas de explorador, que afiles tu mente y abras tu corazón a este emocionante viaje. Este es solo el comienzo, y ya sea que seas un experto analista de datos o un principiante curioso, estoy seguro de que este viaje te cautivará, te inspirará y, sobre todo, te ayudará a ver el mundo de los datos con nuevos ojos.

¡Vamos a explorar el fascinante mundo de la visualización de datos juntos!

1.NUESTRO DESTINO: EL FASCINANTE MUNDO DE LA VISUALIZACIÓN DE DATOS

¡Adelante, valientes aventureros del dato! Nuestro primer puerto en este apasionante viaje es, sin lugar a duda, un maravilloso mundo que tiene mucho que ofrecer: el hipnótico universo de la visualización de datos. Como primer capítulo de nuestra odisea, pretendemos que este sea una suerte de "brújula de navegación" que nos permita comprender qué es la visualización de datos, por qué es crucial y cómo podemos emplearla para descifrar la grandeza del mar de información en el que nos adentramos.

Para entender la visualización de datos, necesitamos comenzar desde los cimientos: los datos.

En su esencia, los datos son hechos o estadísticas colectadas para un análisis. Nos tropezamos con datos a cada paso de nuestra vida cotidiana: la temperatura exterior, los correos que recibimos, las notificaciones de whatsapp, el número de pasos que hemos caminado, las noticias que leemos.

Todos estos son ejemplos de datos.

Para ilustrar esto, imagina que te asignan la tarea de identificar ¿Por qué las ventas están cambiando tanto en el tiempo? Podrías tener frente a ti hojas y hojas llenas de números, cada uno representando las ventas de un día distinto. Podrías pasarte eternidades observando estos números y aun así ¿te ofrecen una imagen nítida de lo que realmente está ocurriendo?, probablemente no.

Ahora bien, imagina que tomas todos esos números los plasmas en un gráfico de líneas, donde el eje X es el tiempo y el eje Y las ventas.

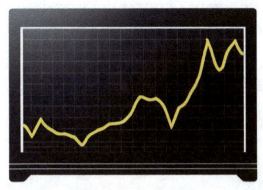

De repente, las tendencias de ventas se vuelven cristalinas. Puedes ver cuándo las ventas se dispararon, cuándo descendieron, y puedes comenzar a cuestionarte el porqué de estos cambios. ¡Eureka! Has transformado un cúmulo de datos en bruto en una narrativa visual que puedes entender y analizar.

Pero la visualización de datos no se limita a los gráficos de líneas. Existen innumerables tipos de visualizaciones, cada uno con su propósito y su propia forma de contar historias con datos. Diagramas de barras, gráficos circulares, mapas de calor, gráficos de dispersión y muchos más.

Antes de embarcarnos en nuestro viaje, es crucial entender por qué este es tan importante. Vivimos en la era de la información. Cada día, generamos y recogemos más datos de lo que cualquier generación previa jamás imaginó. Y estos datos tienen el potencial de responder a algunas de las preguntas más importantes que enfrentamos hoy en día: ¿Cómo podemos luchar contra el cambio climático? ¿Cómo podemos mejorar nuestra salud y bienestar? ¿Cómo podemos edificar sociedades más justas y equitativas?

Para responder a estas preguntas, necesitamos ser capaces de entender lo que tenemos en nuestras manos. Y precisamente eso es lo que la visualización de datos nos permite hacer. Convierte la avalancha de información disponible en algo comprensible que podemos entender, analizar y utilizar para tomar decisiones informadas.

Te prometo que en el siguiente capitulo nos sumergimos en el fascinante mundo del diseño en la visualización de datos. Discutimos la importancia de los colores, las formas y los tamaños en la creación de visualizaciones que no solo sean estéticamente agradables, sino también fáciles de entender y significativas. También repasamos algunas de las reglas de oro del diseño de visualizaciones de datos y discutimos la importancia de la accesibilidad en este campo.

2. COLORES, FORMAS Y TAMAÑOS: EL ARTE DEL DISEÑO EN LA VISUALIZACIÓN DE DATOS

En este momento nos embarcamos en una aventura sensorial y perceptiva, donde exploraremos el arte detrás de la visualización de datos, enfocándonos en los elementos básicos del diseño: los colores, las formas y los tamaños.

Imagina por un momento una pintura en blanco y negro. Ahora, dale color. Los rojos se destacan, los azules retroceden, los verdes añaden vida, y los amarillos, calor. De repente, esa pintura adquiere una nueva dimensión, una nueva vida. El color tiene poder, y en la visualización de datos, este poder puede ser aprovechado para destacar información, orientar la atención y evocar emociones.

Ahora, piensa en las formas. Los círculos, los cuadrados, los triángulos, todas tienen un significado implícito. En el mundo del diseño, las formas no solo definen la estructura de la visualización, sino que también pueden transmitir información en sí mismas.

Por último, pero no menos importante, están los tamaños. Al igual que el color y la forma, el tamaño puede ser utilizado para enfatizar o no, ciertas partes de la información creando una jerarquía visual que ayuda a guiar la interpretación de los datos.

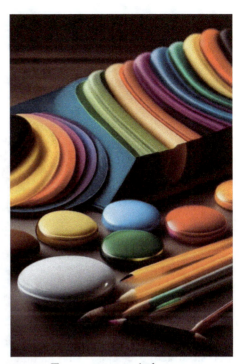

En este capítulo, vamos a explorar estos elementos en detalle. Vamos a entender cómo se utilizan, por qué se utilizan, y cómo pueden combinarse para crear visualizaciones de datos que no solo son atractivas, sino también efectivas en la comunicación de la información. Vamos a sumergirnos en el arte del diseño en la visualización de datos. Así que, alista tu paleta de colores, afina tus habilidades de dibujo, y prepara tus ojos. ¡Empecemos este fascinante viaje por el universo del diseño en la visualización de datos!

USANDO COLORES DE MANERA EFECTIVA

El color es una herramienta poderosa en la visualización de datos, no sólo por su atractivo estético, sino también por su capacidad para transmitir información de manera efectiva. Para hacer un mejor uso de los colores en las visualizaciones, debemos tener en cuenta los siguientes principios.

Entender la psicología del color.

El color puede ser utilizado para señalar, enfatizar y evocar emoción. Los colores tienen la capacidad de influir en nuestras percepciones y comportamientos de maneras que a menudo no somos conscientes. Aquí te detallo algunos colores y la psicología detrás de ellos:

- *Rojo*: El rojo es un color intenso que se asocia con la pasión, la energía, el peligro y el poder. Puede ser utilizado para atraer la atención y para destacar información importante o preocupante. En el contexto de una visualización de datos, el rojo se usa a menudo para indicar un problema o una tendencia negativa. Sin embargo, es importante tener cuidado al usar rojo debido a su fuerte asociación con el peligro y los errores.

- *Azul*: El azul es un color calmante que se asocia con la confianza, la estabilidad, la paz y la serenidad. En el mundo de los negocios, el azul usualmente se utiliza para evocar una sensación de profesionalismo y confiabilidad. En una visualización de datos, el azul podría utilizarse para representar datos positivos o estables.

- *Verde*: El verde se asocia generalmente con la naturaleza, el crecimiento, la salud y la tranquilidad. En una visualización de datos, el verde podría usarse para representar el crecimiento, el progreso o los resultados positivos.

- *Amarillo*: El amarillo es un color brillante y alegre que se asocia con la felicidad, la energía y el optimismo. Sin embargo, también puede ser difícil de ver cuando se emplea en pequeñas cantidades o sobre un fondo claro, por lo que debe usarse con cuidado en las visualizaciones de datos.

- *Naranja*: Combina la energía del rojo con la felicidad del amarillo. Es un color vibrante que a menudo se asocia con la creatividad, el entusiasmo y el éxito. En las visualizaciones de datos, puede ser usado para representar transiciones o cambios graduales.

- *Púrpura*: A menudo asociado con la realeza, el lujo y el poder. También puede transmitir misterio y magia. Es un color menos común en las visualizaciones de datos, pero puede ser usado para agregar un aire de sofisticación o para destacar elementos específicos.

- *Blanco* y *negro*: El blanco a menudo representa pureza y simplicidad, mientras que el negro puede representar elegancia o formalidad. En visualizaciones de datos, el blanco se usa a menudo como un fondo neutro, mientras que el negro puede ser usado para un enfoque elegante y sofisticado.

Vamos a tomar un ejemplo muy cercano desde la perspectiva del uso de los colores, ¿te has preguntado porque la Mc Donald´s utiliza los colores amarillo y rojo? ¿esto fue al azar?, analicémoslo con cuidado:

El color rojo como vimos se asocia comúnmente con la energía y la pasión En marketing, se sabe que estimula el apetito y atrae la atención rápidamente, lo que es útil en la industria de la comida rápida. Por otro lado, el amarillo se asocia con la felicidad y el optimismo. Es un color que atrae la atención y se percibe como alegre y acogedor, lo cual puede hacer que los clientes se sientan más cómodos en el establecimiento.

En conjunto, los colores rojo y amarillo buscan crear una experiencia de marca atractiva, estimulante y acogedora que aliente a los clientes a comprar y consumir sus productos.

Ahora con este ejemplo vemos que, al elegir los colores para tus visualizaciones, es importante considerar el mensaje y el tono que deseas transmitir. ¿Quieres que tu visualización inspire calma y confianza? Entonces los tonos de azul pueden ser una buena elección. ¿Quieres resaltar una tendencia alarmante? Entonces el rojo podría ser más apropiado.

Además, es importante tener en cuenta que estas asociaciones de color pueden variar entre diferentes culturas y sociedades de hecho te invito a que lo revises en la siguiente sección.
Considerar el significado cultural de los colores

Los colores pueden tener diferentes connotaciones y significados en diferentes culturas, y es vital tener esto en cuenta al diseñar visualizaciones de datos que serán vistas por una audiencia internacional. Si ignoramos estos matices culturales, corremos el riesgo de confundir a nuestra audiencia o, peor aún, ofenderla inadvertidamente. Aquí van algunos puntos clave a considerar:

1. *Diversidad de Interpretaciones de Color:* En algunas culturas, ciertos colores pueden tener connotaciones muy específicas. Por ejemplo, en muchos países occidentales, el blanco se asocia con la pureza y se utiliza en las bodas, mientras que en algunas culturas orientales, el blanco es el color del luto y se usa en los funerales.

2. *Uso del Rojo y el Verde:* El rojo y el verde se utilizan comúnmente en las visualizaciones para indicar "incorrecto" y "correcto" o "malo" y "bueno" respectivamente. Sin embargo, en algunas culturas, estas asociaciones pueden ser diferentes. Por ejemplo, en China, el rojo se asocia con la suerte y la prosperidad, no con peligro o detención.

3. Asociaciones Religiosas y Culturales: Algunos colores tienen significados religiosos o culturales profundos. Por ejemplo, el naranja es un color sagrado en el hinduismo, mientras que el verde tiene una fuerte asociación con el Islam. Al seleccionar los colores para una visualización, es importante tener en cuenta estas asociaciones para evitar cualquier posible ofensa o malentendido.

4. Colores y Política: Los colores también pueden tener asociaciones políticas en algunos contextos. Por ejemplo, en Estados Unidos, el azul y el rojo se asocian con los partidos Demócrata y Republicano respectivamente. En otros países, los colores pueden estar asociados con diferentes partidos o movimientos políticos.

5. Sensibilidad Cultural: Es crucial ser sensible a las connotaciones culturales de los colores y adaptar tus visualizaciones en función de tu público. objetivo. Esto podría implicar hacer investigaciones sobre las asociaciones de color en diferentes culturas, o incluso trabajar con expertos culturales o grupos de enfoque para obtener comentarios.

Ahora, aplicando estos principios imagina que estás creando una visualización para una audiencia global que muestra los niveles de satisfacción de los empleados en diferentes regiones. Decides utilizar una escala de colores que va del rojo al verde, con el rojo indicando baja satisfacción y el verde indicando alta satisfacción.

Si bien este enfoque podría funcionar bien para una audiencia occidental, podría resultar confuso para una audiencia china, donde el rojo se asocia con la suerte y la felicidad. En este caso, podrías optar por utilizar una escala de colores neutra o usar símbolos junto con los colores para indicar claramente qué representa cada color.

En resumen, considerar el significado cultural de los colores es un aspecto crucial en la creación de visualizaciones de datos efectivas y sensibles. Al entender estas diferencias culturales, podemos crear visualizaciones que son más inclusivas y accesibles para una variedad de audiencias.

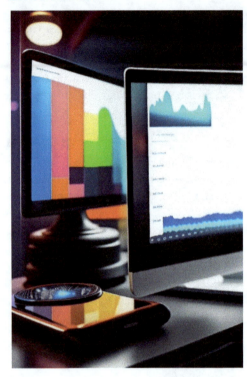

Utilizar colores estratégicamente es una forma poderosa de dirigir la atención del espectador hacia elementos clave en nuestras visualizaciones de datos.

Esencialmente, estamos usando colores como una especie de guía visual que ayuda a las personas a procesar la información más eficazmente lo cual es nuestro objetivo en la visualización de datos.

Ahora ¿Cómo podemos destacar la información importante?, veamos los siguientes puntos para entender como lo lograremos.

1. *Uso de Colores Saturados para Destacar Datos Clave:* Los colores altamente saturados son más brillantes y llamativos que los colores menos saturados. Si tienes una gráfica de barras, por ejemplo, y una de las barras representa un dato particularmente importante, podrías usar un color saturado como un rojo brillante o un azul intenso para esa barra, mientras que utilizas colores más tenues o grises para las otras.

Imagen original | Con colores saturados | Sin colores saturados

2. *Empleo del Contraste de Color:* El contraste entre colores puede hacer que ciertos datos sobresalgan. Por ejemplo, si estás utilizando un fondo oscuro en tu visualización, un color claro o brillante resaltará más. Los colores complementarios (los que están opuestos en la rueda de colores, como el rojo y el verde) también crean un alto contraste y pueden ser efectivos para destacar información. Te dejo en este enlace una nueva de colores creada por Adobe, la cual te permite seleccionar tus colores principales y de allí experimentar cuales son los complementarias, compuestos, de separación complementaria entre otras opciones, te invito que ingreses y juegues un poco con ellos.

De hecho, adobe tiene un analizador de contraste en la misma página de la rueda de color, que permite analizar si el que estas usando es correcto o no. Aunque está en el mismo sitio prefiero asegurarme y dejarles el enlace para que lo puedan usar.

1

2

Colores complementarios (de contraste) rueda de Color   Ejemplos contraste

3. Reservar Colores Específicos para Datos Específicos: Puedes
usar un esquema de color específico para destacar un tipo de dato. Por ejemplo, en un mapa que muestra la densidad de población y la cantidad de parques en diferentes áreas, podrías usar tonos de verde para representar los parques y tonos de azul para representar la población.

4. Gradientes de Color para

---

[1] Colores complementarios: que son, como se usan. (2013, septiem[...] detalles; Pintar al óleo. https://pintar-al-oleo.com/colores-comple[...]
[2] Castellar, L. (2020, octubre 1). Los 7 contrastes de colores. Archip[...] https://www.archipalettes.com/blog/los-7-contrastes-de-colores

Representar Magnitudes

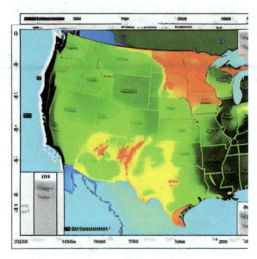

En algunos casos, es útil usar un gradiente de color para representar la magnitud de los datos. Por ejemplo, en un mapa de calor, podrías usar un color más claro para representar áreas con menor densidad y un color más oscuro para áreas con mayor densidad.

Esto crea una transición visual que ayuda a entender la distribución y magnitud de los datos.

5. *Colores de Alerta para Llamar la Atención sobre Problemas o Advertencias:*

Colores como el rojo o el naranja son a menudo asociados con alertas o advertencias. Pueden ser usados para resaltar datos que representen problemas o áreas que requieran atención inmediata.

Ahora, si empleamos esto, Imagina que tienes un diagrama que muestra el seguimiento mensual de los gastos de la organización durante un año.

Quieres destacar el mes donde mayor desvió de gastos se ha tenido y cuál ha sido el mes con el menor. Podrías usar un color verde brillante para la barra que representa el mes donde los gastos estuvieron por debajo de lo que había estimado, y un color rojo brillante donde estos están disparados.

Esto permitiría que alguien que mira la gráfica identifique rápidamente cuál fue el mejor y el peor mes en términos de gastos.

En resumen, el uso estratégico de los colores es una herramienta esencial para comunicar eficazmente la información en las visualizaciones de datos. Al emplear colores para destacar la información importante, estamos ayudando a nuestra audiencia a procesar y entender los datos de una manera más intuitiva y significativa.

MENOS ES MÁS

Este es uno de mis principios favoritos, de hecho, las personas que han trabajado conmigo o que han "sufrido" con mis clases me lo escuchan todo el tiempo, pero les tengo una primicia… mientras escribía este libro, en mi proceso de investigación me di cuenta de que ya alguien había hecho famoso MI PRINCIPIO ☺; ni modo me ganaron la patente… y se atribuye al arquitecto Ludwig Mies Van Der Rohe, en donde la simplicidad y claridad conduzcan a buenos diseños y, por extensión, a una comunicación efectiva.

Ahora veamos algunas maneras en que el concepto de "menos es más" se puede aplicar en la visualización de datos:

1. Limite el Uso de Colores: Es tentador usar una amplia gama de colores en sus gráficos, especialmente si se dispone de muchas categorías o variables. Sin embargo, el uso excesivo de colores puede hacer que la visualización sea abrumadora y difícil de interpretar. En su lugar, use una paleta de colores más pequeña y coherente, y reserve colores llamativos para enfocarse en puntos o tendencias clave.

2. *Reduzca el Ruido Visual:* Demasiados elementos en un gráfico, como líneas de cuadrícula, etiquetas, y leyendas, pueden distraer de la información que estás tratando de comunicar. Al eliminar o minimizar estos elementos, puedes permitir que los datos hablen por sí mismos y facilitar la comprensión del mensaje principal.

3. *Foco en lo Esencial:* A veces, no es necesario mostrar todos los datos disponibles en una sola visualización. Al centrarse en los datos y patrones más importantes, y omitir detalles menos relevantes, puedes hacer que tu visualización sea más directa y significativa.

4. *Uso Efectivo del Espacio en Blanco:* El espacio en blanco es el área entre los elementos de un gráfico. Usarlo efectivamente puede ayudar a dirigir la atención del espectador hacia los datos y evitar que la visualización se sienta desordenada.

¿y cómo se ven juntos estos principios?, bueno para ello imagina que estás creando un gráfico que visualice la evolución de las ventas de varios productos en un período de tiempo. Tienes datos de muchos de productos, pero solo unos pocos son los más vendidos.

- **Con Menos Colores:** En lugar de usar un color diferente para cada producto, puedes usar una escala de grises para la mayoría de ellos y colores brillantes para los 3 productos más vendidos. Esto resalta automáticamente qué productos son importantes en la visualización.

- **Reduciendo Ruido Visual:** Puedes decidir eliminar las líneas de cuadrícula y minimizar las etiquetas, dejando solo las necesarias para entender la tendencia. Esto hace que la atención se centre en las líneas que representan la evolución de las ventas.

- **Centrándose en lo Esencial:** Tal vez no sea necesario mostrar todos los productos. Podrías optar por mostrar solo los 5 productos más vendidos y agrupar el resto en una categoría que se llame "Otros". Esto es muy importante, porque un gráfico con más de 5 opciones es muy difícil de entender.

- **Utilizando Espacio en Blanco:** Deja un espacio suficiente alrededor de tu gráfico y entre los elementos, para que el espectador pueda concentrarse en las líneas y datos importantes sin distracciones.

Entonces al aplicar mi principio favorito de "menos es más", estás facilitando la comprensión y permitiendo que los datos se trasmitan de manera más efectiva a quien los lee.

FORMAS Y PATRONES QUE CUENTAN HISTORIAS

Las formas y los patrones en la visualización de datos son elementos visuales cruciales que pueden ayudar a narrar la historia detrás de los números.

¿Sabías que el cerebro humano está intrínsecamente sintonizado para reconocer y entender las formas y los patrones?, bueno pues aprovecha esta habilidad natural en la visualización de datos puede mejorar la comprensibilidad y la retención de la información.

EL PODER DE LAS FORMAS

Las formas tienen un papel particular en la manera en que percibimos la información. Los círculos, rectángulos, triángulos y otras formas pueden ser utilizados para categorizar y representar diferentes tipos de datos. Además, las formas pueden tener connotaciones implícitas que pueden ser aprovechadas para fortalecer el mensaje de la visualización.

Para ello, vamos a referirnos al libro "Information Visualization: Perception for Design" de Colin Ware el cual, desde mi perspectiva es un recurso invaluable para cualquiera que busque comprender la ciencia detrás de cómo percibimos las formas y cómo crear visualizaciones de datos más efectivas.

Colin nos describe como puntos clave a desarrollar los siguientes:

1. **Formas como lenguaje visual**: Las formas son fundamentales en la comunicación visual. Por ejemplo, en un gráfico que represente diferentes tipos de vehículos y su consumo de combustible, usar figuras icónicas como un coche, una motocicleta o un camión puede hacer que la información sea inmediatamente accesible y comprensible. Según Colin el sistema visual humano procesa las formas de tal manera que nos permite usarlas para crear visualizaciones más efectivas

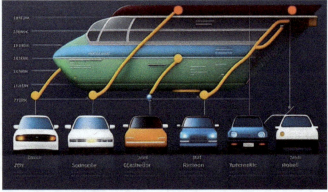

2. **Interacción y accesibilidad a través de formas**: Las formas las podemos incluir en los gráficos, con lo cual podemos resaltar aspectos que no solo dependan del color, lo que resulta especialmente útil para personas con daltonismo. **Colin** explica cómo las formas pueden ser diferenciadas por la retina incluso antes de que la información llegue al cerebro, lo que facilita el reconocimiento rápido de patrones.

3. **Formas para transmitir dinámica y movimiento**: Las formas también pueden ser utilizadas para simular movimiento o cambio en un conjunto de datos y pueden ser aprovechadas en visualizaciones animadas, donde con esto, puedan representar cambios en los datos a lo largo del tiempo. Colin aborda la percepción del movimiento y cómo nuestro cerebro está "cableado" para detectar y seguir objetos en movimiento.

4. **Identificación de tendencias mediante formas geométricas y patrones**:
   Al organizar los datos en formas

geométricas, podemos ayudar al espectador a identificar tendencias y relaciones con mayor facilidad. Por ejemplo, en un gráfico de dispersión, una tendencia al alza podría ser representada por un patrón en forma de una línea ascendente.

5. **Uso de formas en la cartografía y la visualización geoespacial**: En el contexto de la cartografía, las formas personalizadas, como íconos que representan diferentes tipos de ubicaciones o recursos, pueden ser extremadamente valiosas. Colin describe cómo la combinación de formas y colores puede ayudar a crear mapas más informativos y fáciles de interpretar.

6. **Humanizando los datos mediante formas**: Una de las maneras de hacer de hacer que los datos sean más accesibles y comprensibles es mediante el uso de figuras que las personas encuentren familiares o significativas. Colin manifiesta que, si utilizamos elementos visuales familiares, los datos abstractos se convertirán en datos concretos más fáciles de entender.

Complementando la visualización anterior imagina que estas diseñando una campaña de reciclaje en un reporte, podrías usar una forma de hoja para representar datos relacionados con el medio ambiente y un ícono de fábrica para datos industriales. Esto ayuda a que la audiencia conecte rápidamente los datos con su contexto temático.

Ahora quiero hacer especial énfasis en tema esencial, se trata del poder de percepción y para este, los patrones son un elemento clave. Entonces… ¡Vamos a este nuevo puerto!

PATRONES QUE RESALTAN LAS TENDENCIAS

Les confieso que es uno de los temas que más me apasionan, porque las formas son uno de los elementos más básicos, pero a la vez más versátiles de la visualización de datos.

El uso efectivo de las formas puede captar la atención, transmitir información y facilitar la comprensión de los datos de una manera innata debido a que puede usar el 100% de nuestro poder de percepción.

En este capítulo vamos a destacar dos grandes obras "Data Points: Visualization That Means Something" de Nathan Yau como "The Visual Display of Quantitative Information" de Edward Tufte las cuales proporcionan una excelente base para entender el uso de las formas en la visualización de datos.

Antes de iniciar a usar el mejor grafico o la mejor forma, lo importante es entender como los seleccionamos, cual es mejor para el objetivo de nuestra visualización y así lograr nuestra meta, crear visualizaciones no solo impactantes sino eficientes. Para ello nos concentramos en estos cuatros aspectos que nos permitirán elegir la mejor visualización:

1. Captar la atención: Las formas pueden ser extremadamente eficaces para atraer y dirigir la atención del espectador. Los seres humanos están programados para notar y responder a ellas; de hecho, reconocer patrones y formas es una de las primeras habilidades que desarrollamos como niños.

En la visualización de datos, podemos aprovechar este instinto natural para atraer la atención hacia las áreas o puntos más importantes de nuestros gráficos.

Por ejemplo, podríamos usar formas inusuales o llamativas para destacar puntos de datos significativos. Imagina un gráfico donde tienen varios puntos, en une eje representa las ventas y en otro los gastos a este tipo de visualizaciones les llamaos un gráfico de dispersión (como si estos puntos fueran los de la imagen que vez a la izquierda); todos los puntos son círculos pequeños, excepto uno, que es un círculo grande y rojo. El contraste de la forma y el color hace que este punto se destaque, atrayendo inmediatamente la atención del espectador. Aquí estamos utilizando la forma no solo para representar la información, sino también para enfatizarla.

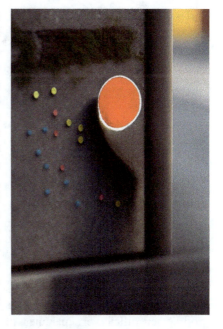

2. Transmitir información: Las formas también pueden ser una manera potente de transmitir información. En un gráfico de barras o un gráfico de líneas, por ejemplo, la forma de la barra o la línea transmite información específica: la longitud de la barra representa una cantidad, mientras que la forma de la línea puede mostrar una tendencia.

Pero las formas también pueden utilizarse para generar una representación gráfica más compleja y sutil de la información.

Ahora centrémonos en un mapa, diferentes formas podrían usarse para representar diferentes tipos de ubicaciones (podrían ser cuadrados para las ciudades, círculos para los parques, barras verticales para grandes edificaciones, etc.).

3. Facilitar la comprensión: Las formas pueden ser una herramienta muy útil para ayudar a los espectadores a entender los patrones y las tendencias en los datos.

Esto es especialmente cierto cuando estamos tratando con grandes volúmenes de información donde los patrones pueden no ser inmediatamente evidentes.

Ahora imagina que estas visualizando un conjunto de datos con miles de puntos, podría ser difícil ver cualquier patrón en ellos.

Pero si usamos una forma para representar cada punto, y luego agrupamos las formas de manera que los puntos similares estén cerca uno del otro, los patrones pueden comenzar a emerger.

4. Crear conexiones emocionales: Las formas son una herramienta muy eficaz para generar una conexión emocional con los datos. Esto puede ser particularmente útil cuando estamos tratando de transmitir un mensaje o una idea específica a través de nuestros gráficos.

Por ejemplo, si estamos visualizando datos sobre la deforestación, podríamos usar la forma de un árbol para representar cada hectárea de bosque que se ha perdido. Esto no solo hace que los datos sean más tangibles y comprensibles, sino que también crean una conexión emocional con el espectador, ayudándole a entender el impacto real de la deforestación.

Ahora si aplicamos estos cuatro principios a un reto ¿Cómo lo haríamos?, bueno supongamos que tú eres un analista de datos en una organización de salud pública y estás trabajando en una visualización de datos que muestra el número de casos de una enfermedad infecciosa como la influenza en varias ciudades del mundo durante el último año. Tienes varios puntos clave que deseas resaltar y para ello, utilizarás formas, colores y patrones de la siguiente manera:

- **Captar la atención:**
Identificaste que, en una ciudad, digamos Sao Paulo, hubo un pico significativo en los casos durante un mes particular. Para resaltar esto, decides representar los datos de esta ciudad en tu gráfico como un círculo rojo brillante para ese mes en particular, lo que contrasta con los círculos azules más apagados que estás utilizando para los demás meses y ciudades.

- **Transmitir información:**

Además, deseas comunicar datos relacionados con el tamaño de la población en cada ciudad, ya que esto puede afectar al número de casos. Decides hacer esto usando el tamaño del círculo para cada ciudad: a mayor población, mayor es el círculo.

- **Facilitar la comprensión:**

Para ayudar a los espectadores a diferenciar rápidamente entre las regiones del mundo, decides usar una forma diferente para cada región. Por ejemplo, los círculos representan las ciudades de América, los cuadrados representan a las ciudades de europeas y los triángulos aquellas que se encuentra en Asia.

- **Crear conexiones emocionales:**

Finalmente, para fomentar una conexión emocional con los datos, eliges utilizar una paleta de colores que se intensifica con el número de casos. Las ciudades con pocos casos se representan con colores fríos como el azul, mientras que las ciudades con muchos casos se representan con colores cálidos como el rojo. Esto puede ayudar a transmitir la urgencia de la situación y a motivar a los espectadores a tomar medidas.

¿ves cómo es de sencillo aplicarlo?, solo es practica y tus visualizaciones serán de otro nivel.

Ahora para cerrar, podemos decir que las formas son una herramienta muy potente en la visualización de datos. No solo pueden ayudar a atraer la atención, transmitir información y facilitar la comprensión, sino que también pueden ayudar a generar una conexión emocional con los datos. Como siempre, la clave para usar las formas eficazmente es considerar cuidadosamente el mensaje que estás tratando de transmitir, y elegir las formas que mejor se ajusten a tus necesidades.

Para finalizar este capítulo, no podía dejar al lado un componente vital en la visualización de datos, el cual, cuando se utiliza correctamente, puede mejorar significativamente la interpretación y el entendimiento de la información presentada, ¿adivinen cuál es?, si, es el tamaño.

El Poder del Tamaño

El tamaño es uno de los atributos visuales más directos y comprensibles en la representación de datos, un ejemplo claro de esto es cuando nos referimos a una ballena como un gran animal y a una hormiga como un pequeño animal. En la visualización de datos, utilizamos esta familiaridad innata para ayudarnos a entender y analizar datos.

Esta genial característica se puede utilizar en muchos tipos de visualizaciones las cuales estaremos profundizando en el *capítulo 3-El mapa*

31

de las visualizaciones.

Un ejemplo sencillo de esta característica podría ser el uso de un gráfico de barras para visualizar el número de personas en diferentes grupos de edad en una población. En este caso, la longitud de cada barra (su tamaño) representaría el número de personas en cada grupo de edad. Cuando miramos el gráfico, podemos ver fácilmente qué grupo de edad tiene más o menos personas por el tamaño de las barras.

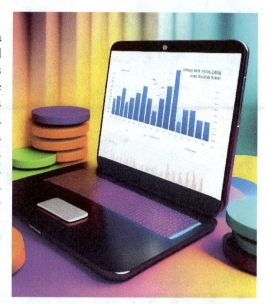

Esto hace que la información sea accesible y fácil de entender.

Al utilizar el tamaño en la visualización de datos, estas son las mejores prácticas para considerar:

1. **Proporcionalidad:** El tamaño de un objeto en tu visualización debe ser proporcional a los valores de los datos que representa. Esto significa que, si estás representando ventas de productos y uno de ellos tiene el doble de ventas que otro, el marcador o la barra que representa ese producto debe ser el doble de su tamaño.

2. **Consistencia:** Debes ser consistente con el uso del tamaño en toda tu visualización. Por ejemplo, si estás utilizando el tamaño para representar la cantidad de ventas en un gráfico de burbujas, debes seguir utilizando el tamaño para representar las ventas en toda la visualización.

3. **Simplicidad:** Evita usar tamaños demasiado variados en una sola visualización. Un amplio rango de dimensiones puede hacer que tu visualización sea confusa y difícil de interpretar. En pocas palabras estarías apagando tu sentido de percepción.

4. **Atención al sesgo:** Ten en cuenta que el tamaño puede influir en la percepción de una visualización. Los objetos grandes atraen más atención y pueden parecer más significativos de lo que realmente

son. Asegúrate de que el tamaño de tus objetos gráficos no esté sesgando la interpretación de tus datos.

5. **Ahora apliquemos estas buenas prácticas, ¿listos?, ¡vamos adelante! imagina que tenemos un** gráfico de burbujas para visualizar los de la expectativa de vida, el Producto Interno Bruto (PIB) y los datos de población de diferentes continentes y sus países. Ahora apliquemos lo anterior descrito.

- **Proporcionalidad**: En este gráfico, podemos utilizar el tamaño de la burbuja para representar la población de un continente. Si vemos que la burbuja para Asia sería más grande que la burbuja para

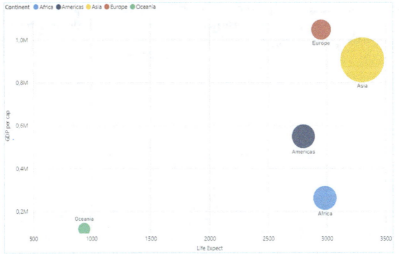

Oceanía, representando asi quien tiene una población mayor.

- **Consistencia**: A lo largo de todo el gráfico, mantenemos la consistencia en el uso del tamaño. En cada burbuja, el tamaño siempre representa la población, lo que permite a los lectores entender fácilmente los datos a lo largo del gráfico.

- **Simplicidad**: Aunque estamos utilizando tres variables de datos (expectativa de vida, PIB y los datos de población), mantenemos la simplicidad utilizando solo el tamaño para representar la población y el eje X para expectativa de vida y el Y para el PIB. Esto ayuda a evitar la confusión de interpretación de los datos.

- **Atención al sesgo:** Aunque los continentes con mayor población tendrán burbujas más grandes, es importante recordar que una burbuja más grande no necesariamente significa un PIB más alto. Este tipo de gráfico puede ayudar a aclarar conceptos erróneos comunes, como que los países con mayor población siempre tienen un PIB o expectativa de vida más alta.

Este enlace a Gapminder[3] te proporcionará una visualización interactiva de un mapa, con el cual puedes realizar una animación de esta información o seleccionar otros tipos de graficas en la parte inferior con una idea más clara de cómo se aplica este concepto en la práctica.

Espero que este desglose ayude a aclarar la importancia y el uso del tamaño en la visualización de datos.

Recordemos, que cada paso que damos nos acerca más a nuestro objetivo final: ser capaces de contar historias poderosas y cautivadoras a través de nuestros datos. ¡Sigue adelante y nunca dejes de aprender!

---

[3] https://www.gapminder.org/tools/#$chart-type=map&url=v1

PARTE II: HERRAMIENTAS Y TÉCNICAS: NUESTROS ALIADOS EN ESTE VIAJE

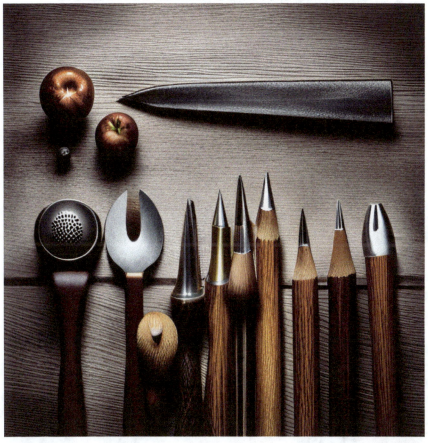

Imagínate por un momento que estás a punto de embarcarte en un viaje épico. Te esperan mares desconocidos y tierras llenas de misterio. ¿Cómo te sentirías? ¿Emocionado? ¿Inseguro? Probablemente un poco de ambos. Ahora imagina que tienes a tu disposición una serie de herramientas increíbles, cada una diseñada para ayudarte a navegar a través de los desafíos que te esperan. De repente, el viaje se ve menos intimidante y más emocionante, ¿verdad?

Eso es exactamente lo que vamos a hacer en esta parte del libro. Te presentaremos a algunos de los aliados más valiosos en tu viaje de la visualización de datos: las herramientas y técnicas que te ayudarán a transformar los números brutos en historias visuales poderosas. Algunos de estos aliados serán lenguajes de programación como Python y R, otros serán principios de diseño, y otros más serán métodos estadísticos. Cada uno de ellos tiene un papel crucial que desempeñar, y juntos, harán que tu viaje sea mucho más fácil y satisfactorio.

Así que, ponte tu sombrero de aventurero y prepárate para una emocionante expedición a través del apasionante paisaje de la visualización de datos. ¡Vamos a embarcarnos juntos en este emocionante viaje de descubrimiento y aprendizaje!

3. EL MAPA DE LAS VISUALIZACIONES: CÓMO CREAR REPRESENTACIONES EFECTIVAS DE NUESTROS DATOS

En este capítulo, nos sumergiremos en el corazón del viaje de la visualización de datos, explorando cómo crear representaciones de datos que sean atractivas y eficaces en transmitir nuestro mensaje.

Para ello , lo primero que tenemos que entender es ¿Cuáles tipo de visualizaciones existen?¿cuál me sirve más a mí?

COMPRENDIENDO Y ELIGIENDO EL TIPO DE VISUALIZACIÓN CORRECTO

Elegir la visualización de datos correcta puede parecer una tarea abrumadora debido a la amplia gama de opciones disponibles. Sin embargo, cuando comprendemos los fundamentos de cada tipo y cómo se conectan con diferentes formas de datos, podemos hacer una elección informada y efectiva.

Primero, debemos entender que cada tipo de visualización tiene su propio propósito y es útil para una forma específica de datos.

Pero antes de embarcarnos es muy importante que entendamos que existen dos tipos de datos, unos son los categóricos y otros son los continuos, pero ¿y esto como se hace?, ya lo veremos.

Los datos categóricos son como una fiesta temática, donde cada invitado se coloca en diferentes grupos o categorías. Imagina que tienes un menú para elegir la comida: pizza, hamburguesa o sushi. Cada opción representa una categoría, pero no tienen una medida numérica.

Por otro lado, los datos continuos son como un viaje en el tiempo y el espacio, donde puedes explorar una variedad infinita de posibilidades. Piensa en la temperatura en diferentes ciudades del mundo: puede ser 10 grados en Bogota, 30 grados en Río de Janeiro o 20 grados en Paris. Aquí, tienes una escala numérica y puedes descubrir cómo cambia la temperatura en diferentes lugares.

Pero eso no es todo, también tenemos datos de relaciones, como una red social llena de conexiones fascinantes. Imagina que tienes una lista de amigos y sus amistades. Cada persona está conectada con otras personas a través de relaciones especiales. Estos datos de relaciones nos permiten explorar y comprender cómo las personas se conectan y se influyen entre sí. Además, podemos ver los datos geográficos te permiten explorar las coordenadas y características de diferentes lugares. Puedes descubrir las altitudes de las montañas más altas o los climas de distintas regiones. Estos datos te ayudan a comprender la geografía y las características únicas de cada lugar

Así que, mientras los datos categóricos te permiten clasificar y agrupar como islas en un océano de información, revelando conexiones categorizadas. Los datos continuos fluyen como ríos, mostrándote relaciones y magnitudes en ese vasto mar de datos. Mientras que, con los datos geográficos, puedes explorar y descubrir las maravillas de nuestro mundo, desvelando relaciones espaciales y comprensión geográfica.

¡La recopilación de datos es como un emocionante viaje de descubrimiento en el que puedes desentrañar relaciones, comprender magnitudes y explorar las conexiones entre nuestro entorno y sus variables!

Entonces si entendemos cuales son los tipos de datos ¿ a dónde nos lleva?; según "Data Visualization Catalogue" las visualizaciones apropiadas para datos categóricos, son los gráficos de barras y pastel; mientras que para datos continuos son los histogramas y las curvas de densidad; para datos geográficos son los mapas coropléticos (esos mapas donde pintan por regiones, estados o ciudades); y para datos de relaciones, como los gráficos de dispersión y las matrices de correlación, entre otros.
Vamos ahora a sumergirnos por algunas de las formas más comunes en las que se pueden representar estos datos.

1. *Gráficos de barras y columnas*: Son ideales para comparar cantidades. Los gráficos de barras presentan las categorías en el eje vertical (y) y las cantidades en el eje horizontal (x), mientras que los gráficos de columnas lo hacen al revés. Un ejemplo clásico podría ser un gráfico de barras que muestra las ventas de una tienda para diferentes categorías de productos.

    Este tipo de grafico se acomoda muy bien con **datos**

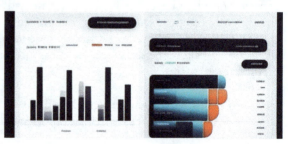

categóricos.

2. ***Gráficos de líneas y áreas:*** Son efectivos para visualizar una tendencia a lo largo del tiempo (series temporales), donde el eje x suele representar el tiempo y el eje y la cantidad medida. Por ejemplo, un gráfico de líneas podría usarse para visualizar la evolución del precio de una acción en la bolsa a lo largo de un año.

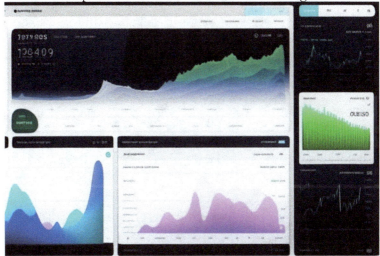

Este tipo de grafico se acomoda muy bien con **datos continuos**.

3. ***Mapas de calor:*** Son excelentes para representar patrones y relaciones en los datos. Los mapas de calor pueden visualizar la densidad de los datos, las correlaciones entre las variables, o incluso la distribución de los datos a través de un mapa geográfico. Por ejemplo, un mapa de calor podría mostrar la concentración de la población en diferentes regiones de un país.

Este tipo de grafico se acomoda muy bien con **datos**

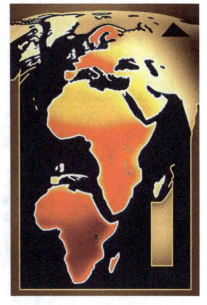

geográficos.

4. ***Gráficos de dispersión:*** Son ideales para representar relaciones entre dos o más variables cuantitativas. Por ejemplo, podríamos utilizar un gráfico de dispersión para visualizar la relación entre la edad y el ingreso de un grupo de individuos.

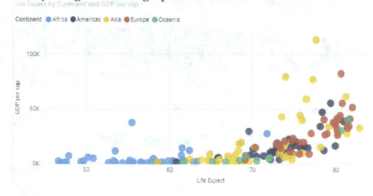

Este tipo de grafico se acomoda muy bien con datos que se tengan que visualizar relaciones, usualmente variables numéricas.

5. ***Gráficos circulares o de pastel:*** Este tipo de gráficos es útil cuando se quiere mostrar cómo se divide un todo en diferentes categorías. Sin embargo, se recomienda usarlo con precaución y solo cuando se tienen pocas categorías, dado que puede ser difícil percibir diferencias en las proporciones cuando se tienen muchas categorías o cuando las proporciones son muy similares.

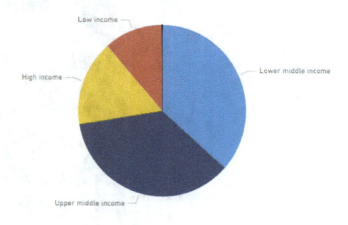

Este tipo de grafico se acomoda muy bien con **datos categóricos**.

6. *Gráficos de puntos o de burbujas:* Este tipo de gráficos es una variante del gráfico de dispersión, donde el tamaño de cada punto (o burbuja) también puede representar una variable. Esto puede ser útil para visualizar una tercera dimensión en los datos.

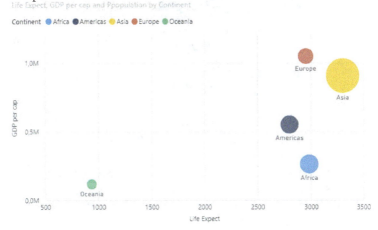

Este tipo de grafico se acomoda muy bien con datos que se tengan que visualizar relaciones entre **diferentes variables**.

7. *Gráficos de barras apiladas o de áreas apiladas:* Estos gráficos son útiles para mostrar cómo una cantidad total se divide en diferentes categorías, y cómo esa división cambia en función de otra variable (como el tiempo). Un ejemplo clásico podría ser un gráfico de áreas apiladas que muestra la evolución de las ventas totales de una tienda, divididas por categorías de productos a lo largo del tiempo.

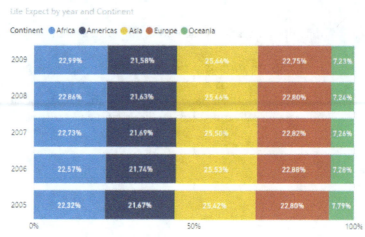

Este tipo de grafico se acomoda muy bien con **datos categóricos**.

8. ***Diagramas de árbol o treemap:*** Estos gráficos son útiles para mostrar cómo una cantidad total se divide en subcategorías anidadas. Los diagramas de árbol muestran esta división en una estructura jerárquica, mientras que los treemap muestran la misma información en un formato espacial que puede ser más fácil de interpretar para algunos usuarios.

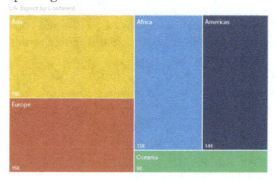

Este tipo de grafico se acomoda muy bien con **datos categóricos**.

9. ***Visualizaciones de red:*** Estas visualizaciones representan conexiones entre diferentes entidades en forma de nodos y enlaces. Son útiles para representar relaciones complejas, como las interacciones sociales, los enlaces web, las relaciones genéticas, entre otras. No obstante, deben ser usadas con precaución ya que pueden volverse desordenadas y confusas si tienen demasiados nodos y conexiones.

Es por lo que se trae este ejemplo de tags en twitter y como se interconectan los usuarios que los mencionan. A la izquierda se visualiza toda la red que genera estos tags y como se relacionan los usuarios. A la derecha un enfoque (zoom) de una parte de esta red
.

Este tipo de grafico se acomoda muy bien con datos que se tengan que visualizar **relaciones entre entidades de datos**.

10. *Gráficos de radar o gráficos de araña:* Este tipo de gráficos permite representar múltiples variables cuantitativas en ejes que parten del mismo punto. Es muy útil cuando se quieren comparar varias características de un elemento, pero puede ser complicado de interpretar si se tienen demasiados ejes o si los valores de las variables difieren en magnitudes.

Este tipo de grafico se acomoda muy bien con **datos categóricos**.

11. *Mapas coropléticos:* Este tipo de mapas utiliza diferentes colores o tonalidades para representar el valor de una variable en diferentes regiones geográficas. Son útiles para visualizar datos geográficos, pero pueden ser engañosos si las regiones tienen tamaños muy diferentes.

En este caso se aplicó para cada país relacionado al indicador de expectativa de vida, en donde su valor sea menor tendrá un color rojo y se difumina hasta un verde intenso para los que tienen el valor más alto.

Este tipo de grafico se acomoda muy bien con **datos geográficos**.

12. *Visualizaciones de línea de tiempo:* Estas visualizaciones permiten representar eventos a lo largo del tiempo. Pueden ser tan simples como una línea de tiempo que muestra cuándo ocurrieron ciertos eventos, o tan complejas como una gráfica que muestra cómo varias variables han cambiado a lo largo del tiempo.

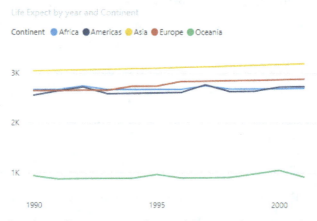

Este tipo de grafico se acomoda muy bien con **datos continuos**.

13. *Gráficos de Sankey:* Estos gráficos se utilizan para visualizar flujos de un origen a un destino, y el espesor de las líneas representa la magnitud del flujo. Son especialmente útiles para

visualizar transferencia de energía, procesos de cambio o trayectorias de usuarios.

En este caso se dispuso el flujo de productos desde su origen hasta su destino final, detallando en destinos intermedios.

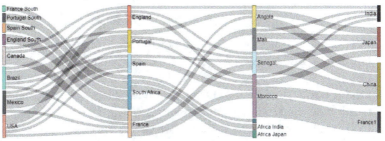

Este tipo de grafico se acomoda muy bien con **datos categóricos**.

14. ***Diagramas de árbol:*** Los diagramas de árbol representan jerarquías y estructuras anidadas, como categorías y subcategorías. Los nodos representan categorías y los enlaces representan relaciones entre ellas.

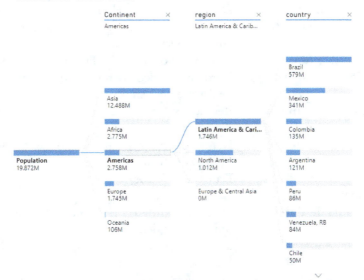

Este tipo de grafico se acomoda muy bien con **datos categóricos**.

Finalmente, pero no menos importante, la mejor visualización de datos no solo depende de la elección correcta del gráfico, sino también de una comprensión clara de los datos, una narración efectiva y un diseño cuidadoso Con esto en mente, puedes crear visualizaciones de datos impactantes que realmente comuniquen la historia de tus datos.

Antes de partir de este puerto, dejaré esta tabla guía con los tipos de graficas más usados y como los podemos aplicar según los datos que necesitemos.

Tipo de gráfico	Tipo de datos recomendados
Gráfico de barras	Datos categóricos, frecuencia de datos
Gráfico de líneas	Datos continuos, tendencias a lo largo del tiempo
Histograma	Datos continuos, distribución de datos
Gráfico de dispersión	Relaciones entre variables numéricas
Gráfico de pastel	Datos categóricos, proporciones de un todo
Mapa de calor	Datos geográficos, densidad de datos
Mapa de burbujas	Datos geográficos, volumen de datos en ubicaciones
Mapa coroplético	Datos geográficos, distribución de una variable en diferentes ubicaciones
Diagrama de caja	Datos continuos, distribución de datos y detección de valores atípicos
Diagrama de vórtice	Datos categóricos, relaciones entre categorías
Diagrama de Gantt	Planificación de proyectos, seguimiento de tareas a lo largo del tiempo
Gráfico de radar	Evaluación de múltiples factores
Gráfico de marcas	Datos categóricos o numéricos, distribución de datos en el tiempo
Gráfico de burbujas	Relaciones entre variables numéricas, tres dimensiones de datos
Gráfico de áreas apiladas	Datos continuos, proporción de categorías a lo largo del tiempo
Gráfico de columnas apiladas	Datos categóricos, proporción de categorías
Diagrama de Pareto	Datos categóricos, frecuencia de datos en orden descendente
Gráfico de rosquilla	Datos categóricos, proporciones de un todo
Diagrama de flujo	Procesos y procedimientos
Gráfico de treemap	Datos categóricos, proporción de categorías en un todo
Gráfico de cascada	Datos continuos, cambios en un valor a lo largo del tiempo
Diagrama de red	Relaciones entre diferentes entidades
Gráfico de velas	Datos financieros, variaciones de precio a lo

Tipo de gráfico	Tipo de datos recomendados
	largo del tiempo
Diagrama de Sankey	Flujos y volúmenes entre diferentes categorías
Gráfico de parejas	Comparación de múltiples pares de variables
Gráfico de coordenadas paralelas	Múltiples variables, relaciones entre variables
Gráfico de barras apiladas	Datos categóricos, proporción de categorías
Gráfico de superficie	Datos tridimensionales, cambios a lo largo de dos dimensiones
Diagrama de contorno	Datos tridimensionales, distribución de densidad en dos dimensiones
Diagrama de cajas y bigotes	Datos continuos, distribución de datos y detección de valores atípicos
Diagrama de árbol	Datos categóricos, Datos Jerarquicos

En el próximo capítulo, profundizaremos en las herramientas y técnicas que puedes utilizar para crear estas visualizaciones. Te presentaremos algunas de las herramientas más populares y poderosas que se utilizan en la actualidad, y te daremos consejos sobre cómo puedes usar estas herramientas para crear visualizaciones efectivas. Así que, ¡sigan con nosotros en este viaje a través del fascinante mundo de la visualización de datos!

LA IMPORTANCIA DE LA ESTÉTICA Y EL DISEÑO EN LA VISUALIZACIÓN DE DATOS

En el proceso de crear representaciones efectivas de nuestros datos, la estética y el diseño desempeñan un papel crucial.

Aquí profundizaremos en por qué la estética y el diseño son importantes y cómo se pueden mejorar. Para ello estaremos evocando unas obras de artes en este aspecto que nos permitirán robustecer nuestro conocimiento, ¿listos?, ¡comencemos!

Captar la Atención y Mantener el Interés

Una visualización estéticamente agradable es más probable que capte la atención del espectador, para ello lo más recomendable es tener un diseño limpio, con un uso moderado de colores y formas, el cual es más efectivo para mantener el interés del espectador que si tuviéramos un diseño abarrotado o excesivamente complejo, ya saben "hazlo fácil, mantenlo simple".

De hecho profundizando en este tema Dona M. Wong en su libro "The Wall Street Journal Guide to Information Graphics" enfatiza la importancia de la simplicidad y la claridad en el diseño para que su visualización sea más accesible y atractiva.

Comunicar de Manera Efectiva

Esto podríamos decir que es la esencial de todo lo que hemos venido describiendo, entregar un mensaje claro al lector de la visualización. Es por ello que un diseño ayuda a aclarar y enfatizar esta información clave. Esto incluye consideraciones tales como el uso de escalas apropiadas, etiquetas claras, y revisar y otra vez revisar que los elementos visuales sean fácilmente distinguibles entre sí.

Impulsar la Interpretación y el Entendimiento

Continuando con nuestro diseño, algo esencial es obtener el mejor provecho de nuestra percepción y para ello un buen diseño potencializa a que los patrones en los datos sean más fáciles de descifrar. Por ejemplo, alinear elementos relacionados y usar escalas consistentes puede ayudar a los espectadores a comparar los datos y encontrar patrones más fácilmente. En "Envisioning Information", Edward Tufte habla sobre cómo se debe maximizar la relación datos-tinta. Esto significa que cada bit de color y forma en la visualización debe tener un propósito significativo, en pocas palabras no solo estar porque es bonito o hacía falta algo en un espacio, volemos al "menos es más".

Mejorar la Usabilidad y Accesibilidad

Un diseño cuidadoso también puede hacer que las visualizaciones de datos sean más accesibles para un público más amplio, incluidas las personas con discapacidades visuales como el daltonismo. Esto incluye consideraciones como el contraste de color, el tamaño de la fuente y el uso de patrones además del color para indicar diferencias.

Construir Credibilidad

Una visualización bien diseñada puede transmitir un sentido de autoridad y fiabilidad. Es más probable que los espectadores confíen y actúen sobre la información si está presentada de manera profesional.

Ahora si aplicamos esto, imagina que estás creando una visualización para mostrar el crecimiento de la población en diferentes países a lo largo del tiempo. Usar una línea de tiempo con líneas de colores para representar diferentes países podría ser una elección estéticamente agradable y efectiva. Las líneas suaves y curvas podrían hacer que la visualización sea más atractiva visualmente, mientras que un uso cuidadoso de colores podría ayudar a diferenciar claramente entre los países. Etiquetas claras y una leyenda bien diseñada pueden ayudar a que la información sea accesible y comprensible.

En resumen, la estética y el diseño son componentes integrales de la visualización de datos efectiva. Es importante equilibrar la belleza visual con la claridad y precisión de la información que se presenta. Los libros mencionados ofrecen una excelente base para profundizar y aplicar estos principios en la práctica de la visualización de datos.

CONTAR UNA HISTORIA CON TUS DATOS

La habilidad de contar una historia con datos es una de las competencias más valiosas en el ámbito de la visualización de datos. Las historias ayudan a humanizar los datos y a conectar con el público en un nivel más profundo.

Veamos cómo podemos aprovechar los principios de narración de historias en nuestras visualizaciones.

Te deje en anexos un resumen de estos pasos para que los tengas siempre a la mano.

Establecer un Contexto Claro

Antes de sumergir al espectador en los datos, es esencial desplegar las anclas que definan a donde vamos y esto es el contexto. En "Storytelling with Data" de Cole Nussbaumer Knaflic, se enfatiza la importancia de establecer el escenario al comienzo de cualquier visualización de datos. Esto implica clarificar el qué, el quién, el cuándo y el por qué de los datos que se van a presentar.

Construir una Trama

Así como en cualquier historia, una visualización de datos efectiva necesita tener una trama. Esto incluye un comienzo, un desarrollo y un final. Edward Tufte en "Envisioning Information", sugiere el uso de un diseño que guíe al espectador a través de los datos en un orden lógico y secuencial, permitiendo que la historia se desarrolle paso a paso.

Uso de Personajes y Conflictos

En "The Functional Art", Alberto Cairo habla sobre el uso de "personajes" en visualizaciones de datos. Los personajes representan las entidades sobre las que se recopilan los datos, y los conflictos a menudo surgen de las comparaciones o cambios en los datos a lo largo del tiempo. Presentar estos personajes y conflictos puede hacer que la historia sea más relatable y atractiva.

Un ejemplo de esto puede ser la contaminación y su relación con las emisiones de carbono. Cada país es un "personaje" en esta visualización, y los "conflictos" surgen de las variaciones en las emisiones de carbono entre los países. Algunos personajes (países) pueden estar emitiendo una cantidad desproporcionada de carbono en comparación con otros. Esto genera una narrativa alrededor de cuáles son los mayores contribuyentes al problema del cambio climático.

Puntos Emocionales y de Enfoque

Utilizar colores, tamaños y formas de manera efectiva puede crear momentos emocionales que capturen la atención y resalten aspectos importantes de la historia. Esto es enfatizado en "The Wall Street Journal Guide to Information Graphics", y como los elementos visuales ayudan a resaltar los puntos clave.

Conclusión y Llamado a la Acción

Finalmente, al igual que una buena historia, una visualización de datos debe tener un cierre. Esto implica resumir los puntos clave y, en muchos casos, incluir un llamado a la acción. ¿Qué debe hacer el espectador con la información presentada? ¿Hay un paso a seguir o una conclusión a la que llegar?

Ahora pongamos esto en acción y continuemos hablando del cambio climático. Imagina que estamos creando una visualización sobre el cambio climático. Podemos comenzar estableciendo el contexto con datos históricos sobre temperaturas globales. Luego, podemos construir una trama mostrando cómo estas temperaturas han cambiado a lo largo del tiempo, identificando eventos específicos o "personajes" como el Protocolo de Kioto. Podemos usar colores y tamaños para resaltar años de temperaturas extremas o eventos significativos. Finalmente, concluimos con datos recientes y tal vez un llamado a la acción sobre cómo el espectador puede contribuir a la lucha contra el cambio climático.

En resumen, contar una historia con tus datos implica mucho más que simplemente presentar números. Requiere estructura, contexto, emoción y claridad para realmente conectar con el público y transmitir un mensaje significativo. Los libros citados proporcionan un marco sólido para construir estas habilidades y mejorar la efectividad de tus visualizaciones de datos.

Con estas tres herramientas descritas podemos avanzar en crear representaciones efectivas de Nuestros Datos y vamos a aplicarlas en este momento.

Imagina que estás trabajando para esta campaña "Crea conciencia energética – El futuro es verde", la cual quiere concientizar sobre la eficiencia energética; como parte de está tu tienes datos sobre el consumo de energía en hogares en diferentes regiones de tu país durante el último año.

Entonces tu objetivo ahora es utilizar estos datos para ayudar a las personas a entender cómo sus comportamientos pueden impactar en el consumo de energía y cómo pueden hacer cambios para mejorar la eficiencia energética. Aquí te muestro cómo podrías aplicar estos cuatro principios.

1. *Comprendiendo y eligiendo el tipo de visualización correcto:* Con base en tus datos y el mensaje que deseas transmitir, decides que un mapa de calor sería el tipo de visualización más efectivo. Esta elección se basa en la naturaleza geográfica de tus datos y en el hecho de que un mapa de calor puede mostrar efectivamente cómo el consumo de energía varía en diferentes regiones del país.

2. *La importancia de la estética y el diseño en la visualización de datos:* Para asegurarte de que tu mapa de calor sea estéticamente agradable y fácil de entender, eliges una paleta de colores con tonos de azul para representar el consumo de energía. Los tonos más oscuros representarán un mayor consumo de energía y los más claros, un menor consumo. También decides mantener el diseño simple y limpio para que los datos sean el foco principal.

3. *Contar una historia con tus datos:* Para narrar una historia con tus datos, decides que tu visualización seguirá una trayectoria de tiempo, mostrando cómo el consumo de energía ha cambiado en diferentes regiones a lo largo del último año. Utilizas animaciones para mostrar esta progresión de tiempo, lo que ayuda a las personas a entender cómo el comportamiento en torno al consumo de energía ha cambiado y dónde se pueden hacer mejoras.

En la llamada a la acción **de tu historia** usas una característica que permita a los usuarios ingresar su código postal y ver cómo su región se compara con otras en términos de consumo de energía. Además, proporcionas recomendaciones específicas sobre cómo las personas pueden mejorar la eficiencia energética en sus hogares.

En resumen, a través de la comprensión de tus datos, eligiendo la visualización correcta, enfocándote en la estética y el diseño, narrando una historia, has creado una visualización de datos efectiva que no solo informa, sino que también motiva a la acción.

Por esta razón, en el Capítulo 7, " Contando Historias a Través de los Datos: La Magia de la Narrativa ", vamos a sumergirnos más profundamente en este aspecto tan crucial en nuestro universo de la visualización   de   datos.

4. PYTHON Y HERRAMIENTAS DE VISUALIZACIÓN: NUESTROS COMPAÑEROS DE RUTA EN ESTE VIAJE DE VISUALIZACIÓN DE DATOS

Python y R son dos de los lenguajes de programación más populares para la ciencia de datos y la visualización de información. Ambos tienen una amplia gama de bibliotecas y paquetes que hacen que la creación de gráficos sea un proceso mucho más fluido y accesible. En este capítulo, exploraremos cómo puedes utilizar estas herramientas para llevar tus visualizaciones al siguiente nivel.

Introducción

En nuestro fascinante viaje por la visualización de datos, es crucial familiarizarnos con tres de los compañeros más importantes que nos asistirán en esta travesía: Python, Power BI y Tableau. Python, nuestro lenguaje de programación esencial, es como nuestro mapa, guiándonos a través del vasto mar de información, permitiéndonos procesar y analizar datos complejos con facilidad. Por otro lado, Power BI y Tableau son como nuestros pinceles y paletas de colores, permitiéndonos crear visualizaciones artísticas y significativas que comunican la esencia de los datos con claridad y estilo. Juntos nos ayudan a navegar por el mar infinito de datos y transformarlos en representaciones visuales comprensibles que revelan las joyas escondidas en el inmenso universo de datos.

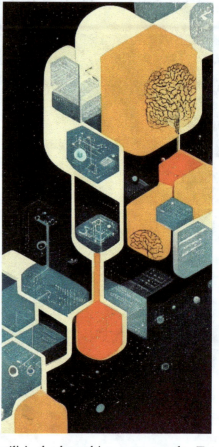

PYTHON: LA VERSATILIDAD ENCARNADA

Python es como un camaleón que se adapta a su entorno, se ha ganado el corazón de los científicos de datos, analistas y entusiastas por su sintaxis clara y legible, así como por su inmensa capacidad para diferentes aplicaciones. Según Wes McKinney, autor de "Python for Data Analysis", uno de los mayores fortalezas (y lo confirmo) es su simplicidad en el desarrollo de flujos de trabajo de análisis de datos bien estructurado. Esto hace que sea más fácil centrarse en la tarea de visualizar datos sin preocuparse demasiado por los detalles técnicos.

Además de su simplicidad, cuenta con una gran variedad de bibliotecas para la visualización de datos, lo cual permite crear visualizaciones de un excelente nivel con poco código.

Pero eso no es todo este lenguaje tiene varias fortalezas que destacaré:

- **Simplicidad:** Su sintaxis es clara y simple, esto hace que el aprendizaje y la lectura de su código sea mucho más fácil en comparación con otros lenguajes de programación.
- **Flexibilidad:** Es tan extensa que permite trabajar desde personas que quieren hacer análisis de datos, otras que quieren realizar

integraciones de información, hasta el desarrollo de aplicaciones web y de inteligencia artificial.

- **Potentes bibliotecas de visualización de datos:** Aunque ya lo nombre, es esencial volverlo a decir, Python tiene una amplia gama de bibliotecas de visualización algunas de las más populares son Matplotlib, Seaborn, Plotly, Bokeh y Altair.

- **Comunidad:** Es una fuente de conocimiento increíblemente activo, lo que significa que siempre hay ayuda disponible cuando te enfrentas a un problema o necesitas aprender algo nuevo.

Si deseas inspiración o ejemplos de cómo las visualizaciones pueden ser creadas con Python, te recomiendo que explores el Python Graph Gallery, que alberga una amplia variedad de gráficos y te muestra cómo puedes crearlos por ti mismo.

Herramientas de visualización de datos en Python

Al adentrarnos en la selva densa de Python, descubrimos un estudio lleno de pinceles, paletas de colores y lienzos en los que puedes liberar tu creatividad. Veamos algunas de estas herramientas de cerca:

1. Matplotlib: El Pincel Clásico

Es el pincel clásico que todo artista debe tener. Esta es la biblioteca de visualización más antigua y ampliamente utilizada en Python. Se pueden crear desde simples gráficos de líneas hasta complejas visualizaciones en 3D. Pero como todo en la vida, si bien Matplotlib es increíblemente potente, al ser de las más antiguas va a requerir mucho código para realizar personalizaciones necesarias en nuestras visualizaciones.

2. Seaborn: Pinceladas con Estilo

¿Qué sucede si deseas agregar un poco de estilo a tus gráficos de manera eficiente? Aquí es donde Seaborn entra en escena pues facilita la creación de gráficos más atractivos y con poco código.

3. Plotly: El Pincel Interactivo

Si estás buscando llevar tus visualizaciones al siguiente nivel con interactividad, Plotly es como un pincel mágico. Te permite crear gráficos interactivos con solo unas pocas líneas de código. Los gráficos Plotly pueden ser fácilmente compartidos y también integrados en aplicaciones web.

4. Bokeh: El Maestro de las Pinceladas Web

Esta biblioteca cuyo nombre proviene del término japonés para desenfoque, se centra en proporcionar visualizaciones elegantes e interactivas para la web. Es ideal para crear dashboards o visualizaciones de alto rendimiento que necesitan ser compartidas en línea.

5. Altair: Visualización Declarativa

Altair toma un enfoque diferente, adoptando una sintaxis declarativa. Esto significa que le dices qué quieres que haga el gráfico, y Altair se encarga de cómo hacerlo. Esto resulta en un código más limpio y comprensible, especialmente útil para aquellos que están comenzando en la visualización de datos.

No olvidemos que el estudio de un artista no está completo sin algunos libros de referencia por eso te recomiendo "Python Data Science Handbook" de Jake VanderPlas y "Python for Data Analysis" de Wes McKinney, son recursos esenciales para profundizar en estas herramientas.

Aprendiendo Python para la visualización de datos

El viaje para dominar Python para la visualización de datos puede parecer intimidante al principio, pero hay muchos recursos disponibles para ayudarte en tu viaje. Aquí hay algunos lugares para empezar:

- **Documentación oficial de Python:** La documentación oficial de Python es un gran recurso para aprender el lenguaje desde cero. Incluye tutoriales, guías y referencias que te permitirán entender los conceptos básicos y avanzados de Python.
- **Documentación de las bibliotecas:** Las bibliotecas de visualización de datos de Python tienen documentación detallada y bien mantenida. A menudo incluyen tutoriales y ejemplos que puedes seguir para aprender a usar la biblioteca.
- **Libros:** Hay muchos libros disponibles que se centran en Python para la visualización de datos. Espero que revises los que te recomendé.
- **Cursos en línea:** Existen numerosos cursos en línea gratuitos y de pago, te recomiendo las plataformas como Coursera, edX y DataCamp estas tienen interesantes que podamos desarrollar a tu propio ritmo.

Python en acción

Sigamos con nuestro enfoque de mejorar el mundo a través de concientizar con datos lo relacionado al cambio climático. Para ello, Imagina que eres un científico de datos trabajando para una organización medioambiental. Se te ha pedido que analices los datos de emisiones de CO2 de diferentes países durante el año actual. Quieres visualizar estos datos para que puedas compartir tus hallazgos con tu equipo y los tomadores de decisiones de manera comprensible y efectiva.

Decides crear un gráfico de barras usando Python y la biblioteca Matplotlib. Cada barra representaría un país diferente, y la altura de la barra representaría las emisiones totales de CO2 de ese país durante el último año. Además, decides codificar las emisiones de CO2 en el color de las barras, desde el verde para las emisiones más bajas hasta el rojo para las más altas, con el fin de resaltar visualmente la urgencia del problema del cambio climático.

Como resultado de tu visualización se puede entender donde se encuentra más critica la situación.

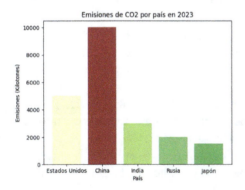

Te dejaré el código de Python y un enlace a un libro en Google Colab, un entorno donde puedes trabajar con este lenguaje sin necesidad de instalar absolutamente nada en tu computador y sin ningún costo asociado, te animo a que vayas y lo uses, de verdad estamos a tan solo un clic en este enlace[4].

El código de Python es el siguiente.

```
# Importar la biblioteca matplotlib y numpy
import matplotlib.pyplot as plt
import numpy as np

# Datos de ejemplo
paises = ['Estados Unidos', 'China', 'India', 'Rusia', 'Japón']
emisiones = np.array([5000, 10000, 3000, 2000, 1500]) # Medido en kilotones

# Crear una gama de colores de verde a rojo
colors = plt.cm.RdYlGn_r(emisiones / emisiones.max())

# Crear un gráfico de barras
plt.bar(paises, emisiones, color=colors)

# Agregar título y etiquetas
plt.title('Emisiones de CO2 por país en 2023')
plt.xlabel('País')
plt.ylabel('Emisiones (Kilotones)')

# Mostrar el gráfico
plt.show()
```

En conclusión, Python es un aliado inestimable en nuestro viaje de visualización de datos. Con su sintaxis fácil de aprender, su versatilidad y su amplia gama de bibliotecas de visualización de datos, Python tiene todo lo que necesitamos para convertirnos en expertos navegantes del mar de los datos.

POWER BI: DONDE LOS DATOS TOMAN VIDA

Power BI es como una varita mágica en manos de los analistas de datos, transformando montañas de datos brutos en insights valiosos con solo unos pocos clics. Reconocida por su interfaz intuitiva y potentes capacidades de análisis, Power BI es una herramienta esencial para aquellos que buscan destilar información a partir de datos de manera rápida y eficiente. Con Power BI, los analistas pueden crear visualizaciones interactivas y cuadros de mando que permiten a los usuarios explorar los datos y entender las historias que cuentan de una manera muy accesible.

Power BI, como el faro en la noche de los datos, brilla por estas razones:

- **Facilidad de uso:** Su interfaz de arrastrar y soltar hace que la creación de informes y visualizaciones sea un proceso fluido, incluso para los principiantes.

- **Integración con otras herramientas de Microsoft:** Power BI se integra perfectamente con otras herramientas de la suite de Microsoft, como Excel y Azure, lo que facilita la recopilación y el análisis de datos.

- **Visualizaciones interactivas:** Las visualizaciones en Power BI son altamente interactivas, permitiendo a los usuarios explorar los datos a su propio ritmo y a su nivel de detalle.

- **Compartir y publicar fácilmente:** Los informes y cuadros de mando pueden ser compartidos y publicados fácilmente, facilitando la colaboración y el acceso a los datos.

Si estás buscando ejemplos e inspiración sobre cómo se pueden crear visualizaciones en Power BI, te recomiendo que explores la Galería de Data Stories de Power BI[5], donde encontrarás una variedad de informes y visualizaciones creadas por la comunidad.

Herramientas de visualización de datos en Power BI

Explorando el estudio de Power BI, descubrimos una caja de pinturas con la que podemos dar vida a nuestros datos. Veamos algunas de estas herramientas:

---

[5] https://community.fabric.microsoft.com/t5/Data-Stories-Gallery/bd-p/DataStoriesGallery

- **Gráficos de barras y columnas:** Los clásicos que nunca fallan, estos gráficos son ideales para comparar datos entre diferentes categorías.
- **Gráficos de líneas:** Perfectos para visualizar tendencias a lo largo del tiempo.
- **Gráficos de dispersión:** Útiles para identificar relaciones o correlaciones entre dos variables.
- **Gráficos de área:** Son excelentes para visualizar la evolución de una o más series de datos a lo largo del tiempo.
- **Mapas:** Estos gráficos geoespaciales permiten visualizar los datos con una perspectiva geográfica.
- **Tarjetas:** Para mostrar valores clave o métricas importantes de forma clara.
- **Slicers:** Herramientas de filtrado que permiten al usuario enfocarse en segmentos específicos de los datos.
-

No olvidemos que ningún conjunto de herramientas estaría completo sin algunos libros de referencia. Te recomendaría este par de libros "Pro Power BI Desktop" de Adam Aspin y "Power Pivot and Power BI" de Rob Collie y Avi Singh, como recursos complementarios para profundizar en Power BI.

Aprendiendo Power BI para la visualización de datos

El viaje para dominar Power BI cuenta con muchos recursos disponibles para ayudarte en tu camino. Aquí hay algunos lugares para empezar:
- **Documentación oficial de Power BI:** Es muy sencillo y fácil de seguir.
- **Cursos en línea:** Existen numerosos cursos, recomiendo que eches un vistazo a las plataformas como Coursera, edX y LinkedIn Learning.
- **Comunidad de Power BI:** Una comunidad activa siempre es de gran ayuda cuando te enfrentas a un problema o necesitas aprender algo nuevo. Esta será tu gran apoyo en este viaje.

Power BI en acción

Al igual que con Python vamos a trabajar en nuestro esfuerzo por concientizar sobre el cambio climático. Ahora serás un analista de datos en una agencia de salud y te embarcas en la creación de un informe sobre la calidad del aire en los distritos de Berlín. Tu visión es diseñar una experiencia de usuario que capitalice la interactividad y sensibilice a los ciudadanos de Berlín sobre este aspecto.

Importas tus datos y elaboras un resumen visual atractivo utilizando tarjetas y gráficos. Incorporas imágenes personalizadas para contextualizar aún más tus datos, creando un vínculo visual entre los números y las áreas geográficas que representan.

Con el fin de dar vida a tu informe, activas las potentes funciones interactivas de Power BI. De esta manera, permites a los usuarios filtrar y explorar los datos por sí mismos, obteniendo un entendimiento más profundo de la calidad del aire en cada distrito de Berlín.

Al finalizar y compartir tu informe, no solo presentas una vista atractiva y educativa de la calidad del aire, sino que también ofreces una herramienta para la exploración y el descubrimiento de datos para los ciudadanos.

Te dejaré el enlace de este reporte desarrollado por la comunidad de power BI, te animo a que vayas y lo uses, de verdad estamos a tan solo un clic en este enlace[6] .

TABLEAU: LA GALERÍA VISUAL DE LA INFORMACIÓN

Tableau es como un pincel en las manos de un artista de datos, convirtiendo los datos brutos en obras de arte llenas de información. Famoso por su interfaz fácil de usar y sus potentes capacidades de análisis, Tableau es una herramienta fundamental para aquellos que buscan extraer conocimiento de los datos de manera rápida y eficaz. Con Tableau, los analistas pueden crear visualizaciones interactivas y dashboards que permiten a los usuarios explorar los datos y entender las historias que cuentan de una manera intuitiva.

Tableau, como el lienzo en la galería de datos, destaca por estas razones:

- **Facilidad de uso:** La función de arrastrar y soltar de Tableau

---

[6]https://community.fabric.microsoft.com/t5/Data-Stories-Gallery/greenBERLIN/td-p/3188126

facilita la creación de informes y visualizaciones, incluso para los novatos.

- **Integración con varias fuentes de datos:** Tableau puede integrarse con una variedad de fuentes de datos, lo que facilita la recopilación y el análisis de datos.
- **Visualizaciones interactivas:** Las visualizaciones en Tableau son altamente interactivas, permitiendo a los usuarios explorar los datos a su propio ritmo y a su nivel de detalle.
- **Compartir y publicar fácilmente:** Los informes y dashboards pueden compartirse y publicarse fácilmente, promoviendo la colaboración y el acceso a los datos.

Para encontrar ejemplos e inspiración sobre cómo se pueden crear visualizaciones en Tableau, te sugerimos explorar la Galería de la Comunidad de Tableau[7], donde encontrarás una variedad de dashboards y visualizaciones creadas por usuarios de todo el mundo.

Herramientas de Visualización de Datos en Tableau

Al explorar Tableau, nos encontramos con una gama de herramientas que pueden dar vida a nuestros datos. Aquí hay algunas de estas herramientas:

- **Gráficos de barras y columnas:** Para comparar datos entre diferentes categorías.
- **Gráficos de líneas:** Ideales para visualizar tendencias a lo largo del tiempo.
- **Gráficos de dispersión:** Utilizados para identificar relaciones o correlaciones entre variables.
- **Gráficos de área:** Perfectos para visualizar la evolución de una o más series de datos a lo largo del tiempo.
- **Mapas:** Permite visualizar datos geoespaciales.
- **Cajas de texto:** Para mostrar valores clave o métricas importantes de manera clara.
- Filtros: Herramientas de filtrado que permiten a los usuarios enfocarse en segmentos específicos de los datos.
-

Como complemento a estas herramientas, te recomendaría los libros "Tableau Your Data!" de Daniel G. Murray y "Tableau 10.0 Best Practices" de Jenny Zhang y Etienne Giraudy, para seguir profundizando en este mundo.

---

[7] https://public.tableau.com/app/discover

Aprendiendo Tableau para la Visualización de Datos

El camino hacia la maestría en Tableau está lleno de numerosos recursos disponibles para ayudarte a lo largo de tu viaje. Algunos lugares para comenzar son:

- **Documentación oficial de Tableau:** Es una guía completa y fácil de seguir.
- **Cursos en línea:** Puedes encontrar cursos de Tableau en plataformas como Coursera, edX y LinkedIn Learning.
- **Comunidad de Tableau:** Una comunidad activa puede ser un gran recurso cuando te enfrentas a desafíos o cuando estás buscando aprender algo nuevo.

Tableau en Acción

Siguiendo nuestro trabajo de concientizar sobre el cambio climático, con Tableau, asumirás el papel de un analista de en una organización medioambiental, te embarcas en la creación de un informe que muestra la evolución de las temperaturas globales para demostrar el calentamiento global a lo largo de los años.

Comienzas importando tus datos, que incluyen registros de temperaturas globales de diversas fuentes. Crea un resumen visual, utilizando gráficos de barras para mostrar las tendencias de temperatura y gráficos de lineas para indicar la contaminación que se ha estado generando posterior a la revolución industrial. Para añadir un toque personal y contextual, incorporas imágenes personalizadas y anotaciones que aporten detalles y ayudan a que tus datos cobren vida. Aquí te dejo un enlace[8] a un reporte sobre el calentamiento global desarrollado por la comunidad de Tableau. Te animo a que vayas y lo uses, estamos a tan solo un clic de distancia.

---

[8]https://public.tableau.com/app/profile/hamida.madouni4801/viz/ClimateChange_34/GlobalWarming

PARTE III: NAVEGANDO EL MAR DE LA ÉTICA Y PROTECCIÓN DE DATOS

En la inmensidad del océano de los datos, se esconde una dimensión que a menudo es ignorada o subestimada, y es la de la ética y la protección de datos. Al igual que un navegante en mar abierto, nos encontramos frente a una profundidad que puede ser tanto prometedora como peligrosa, rica en descubrimientos, pero llena de retos inesperados. En esta tercera parte de nuestro viaje, nos sumergiremos en las profundidades de la ética de los datos, la protección de la privacidad y las responsabilidades que conlleva la manipulación de la información.

En la era de la información, los datos son el recurso más valioso. Sin embargo, con gran poder viene una gran responsabilidad. Como científicos de datos, analistas o simplemente como entusiastas de los datos, tenemos la responsabilidad no solo de utilizar los datos para descubrir insights y tomar decisiones informadas, sino también de hacerlo de manera ética y respetuosa con la privacidad y los derechos de los individuos.
En esta parte del libro, exploraremos las consideraciones éticas en la recolección, el análisis y la presentación de datos. Analizaremos las regulaciones de protección de datos como el GDPR y cómo estas afectan nuestro trabajo con los datos. También discutiremos las técnicas de anonimización y pseudonimización y su importancia en la protección de la privacidad.

Así que, coloca tu brújula, prepara tu sextante y acompáñanos en esta travesía. Porque navegar en el vasto mar de la ética y la protección de datos es una habilidad esencial para cualquier profesional de datos en el mundo de hoy. Sin más preámbulos, ¡embarquémonos en este nuevo viaje!

5. NAVEGANDO CONTRA LA CORRIENTE: ÉTICA EN LA VISUALIZACIÓN DE DATOS

La ética, esa poderosa brújula moral, debe ser una consideración fundamental cuando navegamos por el amplio y profundo mar de la visualización de datos. La responsabilidad que recae sobre nosotros como navegantes en este mar es considerable. Las decisiones que tomamos al representar datos pueden influir en las percepciones, alterar la comprensión y, en última instancia, cambiar el curso de las vidas y sociedades.

La historia nos ha enseñado dolorosamente cómo la falta de ética en la visualización de datos puede tener repercusiones de gran alcance. En 1972, el New York Times publicó un gráfico en el que los datos se presentaban de tal manera que sugerían un repentino aumento en el número de personas con acceso a la atención médica. Sin embargo, el gráfico estaba diseñado de una manera que amplificaba visualmente las cifras, provocando una interpretación engañosa. Este evento, aunque puede parecer trivial, creó una narrativa falsa que se extendió por todo el país, alimentando malentendidos y desinformación.

Este incidente no fue un incidente aislado. A lo largo de la historia, ha habido innumerables casos de visualizaciones de datos engañosas, ya sea intencionalmente o por simple descuido. El coste de estos errores es alto, erosionando la confianza pública y la integridad de las instituciones y organizaciones que dependen de los datos para informar sus decisiones y políticas.

En este mar digital en constante cambio, la honestidad y la transparencia son como faros que guían nuestros esfuerzos para crear visualizaciones justas y precisas de datos. Y cuando hablo de honestidad, me refiero a la representación fiel de los datos, sin alteraciones que puedan distorsionar la verdad. Y a la transparencia me refiero a la revelación de las fuentes de datos, tanto los métodos utilizados para recopilarlos como para transformarlos y cualquier limitación inherente a los datos o a su interpretación.

Hoy en día, las visualizaciones de datos forman parte de nuestra vida cotidiana, influyendo en cómo comprendemos el mundo y tomamos decisiones, o ¿no les ha sucedido que ha llegado la cuenta del agua muy costosa? y es allí donde se generan unas acciones para evitar que esto no vuelva a suceder.

Es por ello que desde la forma en que seguimos la propagación de una enfermedad como fue con el COVID-19 hasta cómo decidimos qué producto comprar o qué política respaldar, las visualizaciones de datos desempeñan un papel central en nuestro proceso de toma de decisiones. Es por ello que el desarrollo de una ética sólida en la visualización de datos es **más crucial que nunca**.

Nuestra responsabilidad como navegantes en este vasto mar de información no es solo hacia nosotros mismos, sino también hacia los demás. La visualización de datos es una herramienta poderosa que, cuando se utiliza de manera ética, puede iluminar la verdad y dar forma a un mundo mejor. Pero cuando se utiliza de manera irresponsable, puede oscurecer la realidad y dar lugar a la confusión y la desinformación.

Como dijo Edward Tufte, el reconocido experto en visualización de datos, "Lo que ves es lo que ves. Los gráficos y las estadísticas son como ser testigo ocular de un hecho". En nuestras manos, las visualizaciones de datos tienen el poder de dar testimonio de la verdad. Así que, mientras navegamos contra la corriente, debemos hacer todo lo posible para mantenernos fieles a este principio.

Ahora bien, para que seamos justos con nuestro deber ético, necesitamos considerar los siguientes puntos críticos que son las bases que nos permitirán ser éticos en la visualización de datos.

Estos principios son:

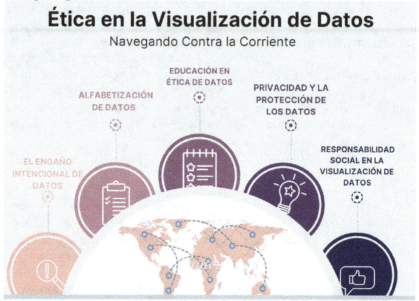

A veces, las visualizaciones de datos pueden ser manipuladas intencionalmente para servir a una agenda específica. Esta es una forma particularmente de mala práctica, ya que utiliza el aparente "objetivismo" de los datos para encubrir un mensaje manipulador.

Un ejemplo infame de esto es el gráfico de "la cuchara de hockey" presentado por los climatólogos Michael Mann, Raymond Bradley y Malcolm Hughes.[9]

Este gráfico, que muestra un aumento abrupto de las temperaturas globales en el último siglo (la hoja de la "cuchara de hockey"), fue

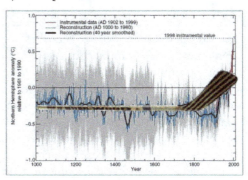

criticado por su manipulación de los datos para exagerar el impacto del calentamiento global. Independientemente de dónde te sitúes en el debate sobre el cambio climático, este es un recordatorio potente de cómo las visualizaciones de datos pueden ser manipuladas para servir a intereses

[9] Moreno, M. A. (2009, octubre 30). El cambio climático y el "palo de hockey". Elblogsalmon.com; El Blog Salmón. https://www.elblogsalmon.com/entorno/el-cambio-climatico-y-el-palo-de-hockey

particulares.

Aquí es donde la educación juega un papel fundamental. A medida que nos volvemos más competentes en el análisis y la interpretación de las visualizaciones de datos, nos volvemos más capaces de detectar manipulaciones sutiles y engaños más evidentes.

Y esto nos lleva al siguiente punto.

LA ALFABETIZACIÓN DE DATOS

La alfabetización de datos es una habilidad cada vez más esencial en nuestra sociedad orientada a los datos, la cual es la capacidad de leer, entender, crear y comunicar datos como información. Un ciudadano alfabetizado en datos no sólo es inmune a las trampas de la manipulación de datos, sino que también puede utilizar los datos de manera efectiva para informarse, tomar decisiones y participar en el discurso público.

La alfabetización de datos no es solo para los científicos de datos o los analistas de negocios, de hecho, debe ser una competencia básica que todos deben desarrollar desde nuestro colegio, al igual que leer y escribir.

Esta habilidad incluye la comprensión de cómo se recogen y procesan los datos, cómo se pueden representar visualmente y cómo tanto interpretar como cuestionar los datos presentados. Una sociedad alfabetizada en datos es una sociedad que es resistente a la manipulación y la desinformación, capaz de tomar decisiones informadas basadas en evidencia. Es también una sociedad que valora y practica la ética en la visualización de datos.

Ahora con esta habilidad demanda, debe ser parte de su enseñanza algo esencial y es la ética en datos.

La Educación en Ética de Datos

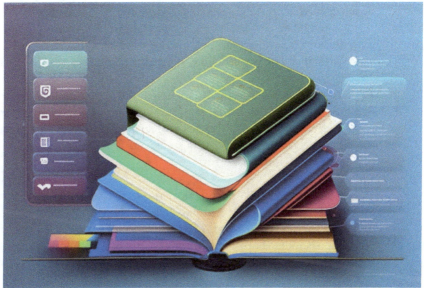

Este es un punto que siempre hecho de menos en todos los programas de educación relacionados con datos, ya sean orientados bases de datos, ciencia de datos, proyectos agiles en datos entre muchos más, hay un tema en común, su enfoque se encuentra en las habilidades técnicas pero nunca en los fundamentos de la ética en los datos.

Estos pueden apoyar a las personas a entender y a navegar por los dilemas éticos que nos enfrentamos a la hora de crear visualizaciones de datos, a desarrollar una conciencia crítica de las implicaciones éticas de su trabajo, y a tomar decisiones informadas y éticas en su práctica profesional.

Es por ello que dejaré algunos principios de la ética de los datos a considerar, pero antes de estos solo recuerda que la ética de los datos es un campo en constante evolución, por lo que siempre es bueno seguir aprendiendo y reflexionando sobre cómo se usan los datos.

Los principios clave que se deben tener en cuenta cuando se trabaja con visualización de datos desde una perspectiva ética:

1. *Transparencia:* La transparencia es otro pilar crucial de la ética en la visualización de datos. Para que una visualización sea ética y confiable, debe ser clara acerca de las fuentes de datos utilizadas, cómo se recolectaron y procesaron los datos, y cuáles fueron los métodos utilizados para representarlos visualmente.

Además, la transparencia también implica admitir las limitaciones de los datos presentados. No hay conjunto de datos perfecto; todos tienen alguna forma de sesgo, falta de precisión o límites en su representatividad. Al ser transparentes sobre estas limitaciones, mostramos respeto a nuestro público y nos adherimos a los estándares éticos de honestidad e integridad.

2. *Precisión:* Tus visualizaciones deben reflejar con precisión los datos subyacentes. Evita la tentación de exagerar o minimizar ciertos aspectos de los datos para adaptarse a una narrativa preexistente. También debes tener cuidado con las escalas en tus gráficos para no inducir a error.

3. *Privacidad:* Si estás trabajando con datos personales, debes asegurarte de respetar la privacidad de las personas. Esto puede incluir la anonimización de los datos para proteger la identidad de las personas, además de obtener el consentimiento necesario para utilizar los datos.

4. *Justicia:* Ten cuidado de no perpetuar prejuicios o estereotipos en tus visualizaciones. Los datos no son inherentemente objetivos y pueden estar sesgados dependiendo de cómo se recopilan y procesan. Por lo tanto, es esencial tener en cuenta cualquier sesgo potencial y cómo podría afectar a tus visualizaciones.

5. *Integridad:* Este principio se trata de ser honesto y ético en todos los aspectos de tu trabajo con los datos. No manipules los datos para sacar conclusiones falsas o engañosas, y mantén siempre la veracidad en tus visualizaciones.

6. *Responsabilidad:* Asume la responsabilidad de tus visualizaciones y de cómo podrían interpretarse o utilizarse. Ten en cuenta el impacto potencial de tu trabajo y considera cómo puedes mitigar cualquier daño potencial.

Los recursos educativos, como el "Ethics in Data Science" de la Universidad de Stanford o "Ethics and Data Science" de Mike Loukides, Hilary Mason y DJ Patil, son excelentes puntos de partida para aquellos interesados (que tendríamos que ser todos) en ahondar en este campo esencial para nosotros.

Como hemos concluido este capítulo, esperamos que te hayas vuelto más consciente de la importancia de la alfabetización de los datos y la ética en la visualización. La responsabilidad que conlleva la visualización de datos es enorme. Las decisiones que tomes, desde la recopilación de datos hasta la presentación de los mismos, pueden influir en la opinión pública, formar percepciones y guiar la toma de decisiones a nivel personal, organizacional e incluso nacional.

Solo quiero cerrar con esta frase "Con grandes datos, viene una gran responsabilidad". Un juego de palabras en la famosa cita de Spider-Man, pero un recordatorio importante de la responsabilidad que todos llevamos en la era de la información. En la visualización de datos, este mandato ético es más pertinente que nunca.

LA PRIVACIDAD Y LA PROTECCIÓN DE LOS DATOS

En nuestra era digital, la privacidad y la protección de los datos son cada vez más una preocupación para todos nosotros. Cada vez que creamos una visualización de datos que incluye información personal, tenemos la responsabilidad ética de asegurarnos de que los derechos de privacidad de las personas se respeten y que sus datos estén seguros.

Esto puede ser un desafío particular en grandes conjuntos de datos (big data), donde los datos de miles o incluso millones de personas están en juego. Aquí, es importante implementar técnicas de anonimización y agregación para proteger la privacidad de los individuos. Además, es vital ser transparentes sobre cómo se recopilan, almacenan y utilizan los datos, y obtener el consentimiento informado siempre que sea posible, de hecho este es el primer punto para ser éticos en los datos.

Entre los principios a seguir para proteger la privacidad y los datos durante la creación de visualizaciones son:

1. *Minimización de datos:* Solo se deben recoger y procesar los datos que sean estrictamente necesarios para el propósito de la visualización.

2. *Anonimización:* Se deben utilizar técnicas de anonimización para evitar que los individuos puedan ser identificados directamente a partir de los datos.

3. *Consentimiento informado:* Siempre que sea posible, se debe obtener el consentimiento de las personas antes de recopilar y utilizar sus datos.

4. *Transparencia:* Debe ser claro cómo se recogen, almacenan y utilizan los datos. Esto puede implicar la divulgación de métodos de recopilación de datos y políticas de privacidad claras.

5. *Seguridad de datos:* Se deben utilizar medidas de seguridad adecuadas para proteger los datos de accesos no autorizados o pérdidas.

6. *Integridad de los datos:* Los datos deben ser precisos y estar actualizados para evitar malentendidos o conclusiones erróneas.

7. *Responsabilidad y Rendición de Cuentas:* Documenta tus procesos de toma de decisiones y sé responsable de tus acciones con respecto al manejo de datos.

8. *Respeto por el Contexto de los Datos:* Comprende el contexto cultural, social y ético de los datos y cómo la visualización podría afectar a las comunidades representadas.

9. *Objetividad y Evitar Sesgos:* Aborda y minimiza los sesgos en los datos y en la interpretación de los mismos, asegurándote de que la visualización sea objetiva y justa.

10. *Educación y Conciencia:* Involucra a tu audiencia y proporciona educación sobre los datos y cómo interpretarlos correctamente. Esto es particularmente importante si estás comunicando información que afecta decisiones o políticas.

Estos principios están alineados con los valores de la ética de datos y ayudan a garantizar que las visualizaciones de datos se creen de manera responsable y respetuosa hacia la privacidad y los derechos de las personas involucradas.

Finalmente, pero no menos importante, la responsabilidad social juega un papel integral en la visualización d   e datos ética. Los creadores de visualizaciones de datos deben tener en cuenta el impacto social que su trabajo podría tener. La interpretación incorrecta de los datos, la presentación engañosa de los datos o la desconsideración del contexto social pueden conducir a decisiones equivocadas, estigmatización de ciertos grupos, y propagación de prejuicios y desinformación.

El impacto social de una visualización de datos puede ser amplio y duradero. Un ejemplo clásico es el famoso mapa de John Snow del brote de cólera en Londres en 1854. Este mapa, que mostraba las ubicaciones de las muertes por cólera en relación con las bombas de agua, ayudó a identificar la fuente del brote y a cambiar la forma en que pensamos sobre la propagación de enfermedades. Pero, si se hubiera hecho de manera irresponsable, podría haber estigmatizado a ciertos barrios o grupos de personas.

Para ello describo unos principios que nos podrán ayudar para identificar si podemos o no estar siendo responsables durante el desarrollo de nuestras visualizaciones:

1. *Imparcialidad:* Evita sesgos en tus visualizaciones. Trata de representar los datos de una manera justa y precisa, sin distorsionar

la información para respaldar un punto de vista específico.

2. *Conciencia del impacto social y cultural:* Reconoce que las visualizaciones de datos pueden tener un impacto significativo en la sociedad y en la cultura. Debes tener en cuenta cómo tu trabajo puede ser interpretado por diversos grupos y cómo puede afectar a las personas y comunidades representadas en tus datos.

3. *Evitar la estigmatización y la discriminación:* Ten en cuenta que las visualizaciones de datos pueden contribuir a la estigmatización y la discriminación si se manejan de manera irresponsable. Asegúrate de que tus visualizaciones sean justas y no perpetúen los estereotipos ni sesgos existentes.

4. *Inclusividad:* Busca ser inclusivo en tus prácticas de visualización de datos. Esto puede implicar tomar en cuenta las diversas formas en que la gente interpreta la información visual y asegurarte de que tus visualizaciones sean accesibles para un público amplio.

5. *Consideración del contexto:* Los datos no existen en el vacío, están siempre enraizados en un contexto social y cultural. Es importante tener en cuenta este contexto al interpretar los datos y al diseñar visualizaciones.

6. *Prevención de daños:* Piensa en las posibles consecuencias de tu visualización y haz todo lo posible para minimizar cualquier daño potencial. Esto puede incluir la propagación de información errónea, la estigmatización de grupos de personas, o el uso indebido de tus visualizaciones.

Por lo tanto, siempre es importante tener en cuenta la responsabilidad social cuando creamos visualizaciones de datos. Debemos esforzarnos por ser conscientes de nuestro sesgo, ser respetuosos con el público y los sujetos de nuestros datos, y buscar la equidad y la justicia en nuestro trabajo.

6.MANTENIENDO EL RUMBO: PROTECCIÓN DE DATOS Y PRIVACIDAD EN NUESTRAS VISUALIZACIONES

En una era donde el "Big Data" domina nuestro paisaje tecnológico, donde cada clic, cada desplazamiento y cada "me gusta" se convierte en un punto de datos, como describí en el capítulo anterior la protección de datos y la privacidad han surgido como preocupaciones cruciales. No es una exageración decir que navegamos en un mar de datos, donde cada onda y cada corriente pueden revelar algo sobre nosotros. Y en este vasto océano de información, la visualización de datos se destaca como un faro, un faro que ilumina patrones y tendencias, permitiéndonos navegar con seguridad y eficacia.

Sin embargo, como dijo spider-man "con un gran poder viene una gran responsabilidad". Si bien la visualización de datos puede descubrir verdades ocultas y proporcionar información valiosa, también tiene el potencial de infringir nuestra privacidad y exponernos a daños. ¿Cómo equilibramos la necesidad de información con el respeto a la privacidad? ¿Cómo aseguramos que nuestras visualizaciones no solo sean útiles, sino también éticas? Este capítulo se sumerge en estas cuestiones vitales, explorando el paisaje de la protección de datos y la privacidad en América Latina y Europa, proporcionando herramientas y técnicas para mantener la privacidad en nuestras visualizaciones, y proyectando lo que el futuro puede tenernos reservado.

EL DELGADO EQUILIBRIO ENTRE LA VISUALIZACIÓN DE DATOS Y LA PRIVACIDAD

La visualización de datos y la privacidad son dos campos que se cruzan inevitablemente en nuestra sociedad cada vez más centrada en los datos. En teoría, ambos pueden coexistir pacíficamente; las visualizaciones pueden proporcionar valiosos insights y promover una mayor comprensión, mientras que la privacidad puede garantizar que se respeten los derechos individuales y se proteja la información personal.

El desafío surge cuando estas dos metas entran en conflicto. ¿Cómo podemos respetar la privacidad individual y, al mismo tiempo, aprovechar al máximo los datos disponibles? ¿Cómo garantizamos que nuestras visualizaciones sean éticas y responsables? Para responder a estas preguntas, es útil comprender las leyes y regulaciones de protección de datos, que varían considerablemente en todo el mundo.

En América Latina, la protección de datos es una preocupación creciente. Sin embargo, la región ha tenido dificultades para implementar leyes efectivas de protección de datos. Existen diferencias notables entre los países, con algunos teniendo leyes de protección de datos más estrictas y otros teniendo leyes más laxas o incluso inexistentes. Por otro lado, Europa ha liderado el camino con la implementación del Reglamento General de Protección de Datos (GDPR). Esta legislación, establece estrictas regulaciones sobre cómo las empresas pueden recopilar, almacenar y utilizar los datos personales de los ciudadanos de la unión europea.

Sin embargo, incluso con leyes y regulaciones de protección de datos, todavía existen desafíos. Uno de ellos es cómo mantener la privacidad en nuestras visualizaciones. Aquí es donde entran en juego técnicas como la anonimización y la agregación de datos, que pueden ayudar a proteger la privacidad individual mientras se mantiene la utilidad de los datos.

La anonimización implica eliminar o modificar información que pueda identificar a un individuo, como nombres, direcciones y números de seguridad social. La agregación, por otro lado, implica combinar datos de manera que los datos individuales ya no sean reconocibles, pero las tendencias y patrones generales todavía puedan observarse.

Al considerar el futuro de la visualización de datos y la privacidad, es probable que veamos una evolución continua de las leyes y regulaciones, así como el desarrollo de nuevas técnicas y tecnologías para equilibrar la necesidad de información con el respeto a la privacidad. A medida que avanzamos, es esencial recordar nuestra responsabilidad ética de respetar y proteger la privacidad de las personas en nuestras visualizaciones.

Y con esa misma responsabilidad vamos a entender más de la legislación actual tanto en Europa con el Reglamento General de Protección de Datos (GDPR) como también en algunos países de america latina.

PROTECCIÓN DE DATOS Y PRIVACIDAD EN EUROPA: EL ESTÁNDAR DORADO

Europa ha sido pionera en la protección de datos y la privacidad, estableciendo estándares que son seguidos en todo el mundo. En el centro de este enfoque está el GDPR una ley integral que protege los datos de los ciudadanos de la unión europea sin importar dónde se procesen.

El GDPR, que entró en vigor en 2018, se construye en principios clave como son: la transparencia, limitación de la finalidad, minimización de los datos, exactitud, integridad y confidencialidad. Estos no solo protegen los derechos de los individuos, sino que también establecen responsabilidades para las organizaciones que manejan datos.

La visualización de datos en el contexto del GDPR puede ser un desafío, pero también una oportunidad. Por un lado, los creadores de visualizaciones deben ser cuidadosos para no infringir las normas de privacidad al presentar datos. Por otro lado, las visualizaciones pueden ayudar a demostrar el cumplimiento de las normas de privacidad, al proporcionar una forma clara y visual de mostrar cómo se manejan los datos.

En la era del GDPR[10], las visualizaciones deben ser diseñadas con la privacidad en mente. Esto puede implicar técnicas como la anonimización y la agregación de datos para proteger la identidad de los individuos. Además, los creadores de visualizaciones deben ser transparentes sobre cómo se han recogido y procesado los datos, y proporcionar una manera para que los usuarios den su consentimiento o se nieguen a compartir sus datos.

A medida que avanzamos en un mundo cada vez más dominado por los datos, es crucial que continuemos explorando formas de visualizar los datos que sean tanto informativas como respetuosas con la privacidad. Como navegantes en este océano de datos, tenemos la responsabilidad de proteger las aguas en las que navegamos, garantizando que nuestras visualizaciones sean seguras, éticas y respetuosas con la privacidad.

---

[10] https://gdpr.eu/what-is-gdpr/

PROTECCIÓN DE DATOS Y PRIVACIDAD EN AMÉRICA LATINA: UNA VISIÓN GENERAL

Si América Latina fuera un océano, sería un cuerpo de agua vibrante, variado y en constante cambio. Con sus múltiples economías emergentes y su creciente adopción de la tecnología, la región está produciendo una cantidad cada vez mayor de datos. Y con este auge de datos viene la necesidad de regulaciones y protecciones.

Algunos países de América Latina han tomado la delantera en la creación de leyes y regulaciones para proteger los datos de sus ciudadanos. Por ejemplo, la Ley General de Protección de Datos (LGPD) de Brasil, que entró en vigor en 2020, establece una serie de principios y derechos para los ciudadanos brasileños, así como obligaciones para las empresas que manejan datos. Entre estos principios se encuentran la transparencia, la finalidad y la seguridad11.

La Ley de Protección de Datos Personales de México, por otro lado, está centrada en el control y el consentimiento. Esta ley establece que los individuos deben ser informados sobre cómo se utilizarán sus datos y tener la opción de optar por no participar[12.]

Mientras que en Colombia La Ley Estatutaria 1581 de 2012 de Protección de Datos en Colombia, junto con el Decreto 1377 de 2013, son las principales piezas legislativas que regulan el manejo y procesamiento de datos personales. Estas leyes se centran en garantizar el respeto a la privacidad, el derecho al buen nombre y la autodeterminación informativa[13.]

Estos son solo algunos ejemplos de cómo los países de América Latina están navegando en las turbulentas aguas de la protección de datos y la privacidad. Sin embargo, la región enfrenta varios desafíos, incluyendo la implementación y cumplimiento de estas leyes, y la necesidad de armonización entre los diferentes países.

En este contexto, la visualización de datos puede desempeñar un papel crucial. Puede ayudar a los ciudadanos a entender sus derechos y a las empresas a cumplir con sus obligaciones. Pero también debe hacerse con cuidado y respeto por la privacidad.

PROTECCIÓN DE DATOS Y PRIVACIDAD EN COLOMBIA

[11] Barreto, P. M. (2020, septiembre 18). Brazil's LGPD now in effect — what does this mean for enforcement? International Association of Privacy Professionals. https://iapp.org/news/a/brazils-lgpd-now-in-effect-what-does-this-mean-for-enforcement/

[12] Barreto, P. M. (2020, septiembre 18). Brazil's LGPD now in effect — what does this mean for enforcement? International Association of Privacy Professionals. https://iapp.org/news/a/brazils-lgpd-now-in-effect-what-does-this-mean-for-enforcement/

[13] Ley 1581 de 2012 - Gestor Normativo. (s/f). Gov.co. Recuperado el 11 de junio de 2023, de https://www.funcionpublica.gov.co/eva/gestornormativo/norma.php?i=49981

La Ley 1581 de 2012 y el Decreto 1377 de 2013 son el fundamento legislativo para la protección de datos personales en Colombia. Estas normas establecen los derechos de los ciudadanos y las responsabilidades de las organizaciones que procesan datos personales.

La ley colombiana se rige por varios principios fundamentales. Entre ellos se incluyen la transparencia, que exige que los sujetos de los datos sean informados de manera completa y clara sobre el propósito y los métodos de recolección de datos; la finalidad, que requiere que los datos recolectados sean utilizados solo para los propósitos explícitamente declarados; la minimización de datos, que obliga a las organizaciones a recolectar y procesar solo los datos necesarios para cumplir con sus propósitos declarados; la exactitud, que asegura que los datos recolectados sean precisos y estén actualizados; y la seguridad, que requiere que las organizaciones tomen medidas apropiadas para proteger los datos contra el acceso, la divulgación, la alteración o la destrucción no autorizados.

LEY FEDERAL DE PROTECCIÓN DE DATOS PERSONALES EN POSESIÓN DE PARTICULARES DE MÉXICO

Esta Ley, publicada en el Diario Oficial de la Federación el 5 de julio de 2010 y en vigor desde el 6 de julio del mismo año, es el principal marco normativo en México en materia de protección de datos personales en posesión de particulares14.

Al igual que las normativas mencionadas previamente, este cuerpo legal también regula el tratamiento legítimo, controlado e informado de los datos personales para garantizar la privacidad y el derecho a la autodeterminación informativa de las personas. Dentro de sus disposiciones, se contempla el deber de informar al titular sobre el tratamiento de sus datos personales y la finalidad del mismo.

En lo que respecta a la visualización de datos, esta Ley puede tener un impacto importante. Los profesionales de la visualización de datos en México, y en cualquier lugar que trate datos de ciudadanos mexicanos, deben asegurarse de cumplir con los principios establecidos en esta ley, como son: el principio de licitud, consentimiento, información, calidad, finalidad, lealtad, proporcionalidad y responsabilidad.

A medida que avanzamos en la era digital, las leyes y regulaciones sobre la privacidad y la protección de los datos personales seguirán evolucionando. Es esencial para los profesionales de la visualización de datos estar al tanto de estas actualizaciones y comprender su impacto en sus prácticas de

14 De Diputados, C., Congreso De, D. H., Unión, L. A., & Vigente, T. (s/f). LEY FEDERAL DE PROTECCIÓN DE DATOS PERSONALES EN POSESIÓN DE LOS PARTICULARES. Gob.mx. Recuperado el 11 de junio de 2023, de http://www.diputados.gob.mx/LeyesBiblio/pdf/LFPDPPP.pdf

trabajo. Al final del día, el objetivo es comunicar información de manera efectiva y ética, sin comprometer la privacidad y los derechos de las personas.

LA INTERSECCIÓN ENTRE LA PROTECCIÓN DE DATOS Y LA VISUALIZACIÓN: CONSIDERACIONES IMPORTANTES

Ahora, te estarás preguntando, ¿cómo se aplica esto en la visualización de datos? Bueno, hay varias consideraciones a tener en cuenta, que de hecho los hemos ya nombrado previamente:

1. *Anonimización de los datos:* Al visualizar datos, debemos asegurarnos de que la información personal no sea identificable. Técnicas como la agregación, la pseudonimización y la enmascaramiento pueden ser útiles para este propósito.

2. *Agregación de los datos:* La agregación implica combinar datos de manera que los datos individuales ya no sean reconocibles, pero las tendencias y patrones generales todavía puedan observarse.

3. *Evitar la inferencia de datos personales:* A veces, incluso si los datos se han anonimizado, la combinación de diferentes piezas de información puede permitir la identificación de individuos. Debemos tener cuidado al visualizar conjuntos de datos múltiples o detallados para evitar esto.

4. *Transparencia:* Deberíamos ser transparentes acerca de cómo y por qué estamos utilizando los datos. Por ejemplo, podríamos incluir una declaración de privacidad en nuestras visualizaciones o en el sitio web donde se muestran.

5. *Control de acceso:* Si estamos compartiendo nuestras visualizaciones en línea, podríamos considerar mecanismos para controlar quién tiene acceso a ellos y garantizar que no se utilicen de manera inapropiada.

Navegar en las aguas de la protección de datos puede ser complicado, pero es un aspecto crucial de nuestro trabajo como visualizadores de datos. Al respetar la privacidad y los derechos de los individuos, podemos construir confianza y mantenernos en el camino correcto en nuestro viaje de visualización de datos.

La protección de los datos personales es una preocupación importante en la sociedad actual, y es aún más crucial cuando esos datos se utilizan para tomar decisiones que pueden afectar la vida de las personas. En este contexto, los profesionales de la visualización de datos tienen una responsabilidad significativa.

Para ilustrar este punto, podemos considerar el papel de los datos y su visualización en el sector de la salud. Los datos de los pacientes se utilizan para tomar decisiones clínicas que pueden tener un impacto directo en su vida y bienestar. Si estos datos se visualizan de manera incorrecta o se interpretan mal, las consecuencias podrían ser graves. Por lo tanto, los profesionales de la salud y los científicos de datos en este campo deben ser conscientes de la importancia de proteger la privacidad del paciente al visualizar los datos y garantizar que su interpretación sea correcta.

La responsabilidad en la toma de decisiones basada en datos no se limita al sector de la salud. En todas las áreas en las que los datos se utilizan para informar las decisiones, es crucial que las visualizaciones de datos sean precisas, claras y éticas. Esto se aplica tanto a las decisiones empresariales, como a las políticas públicas y a las decisiones personales que todos tomamos en nuestra vida diaria.

El libro "Weapons of Math Destruction: How Big Data Increases Inequality and Threatens Democracy" (Armas de Destrucción Matemática: Cómo los Grandes Datos Aumentan la Desigualdad y Amenazan la Democracia), de Cathy O'Neil, aborda algunos de los peligros potenciales de la toma de decisiones basada en datos. O'Neil destaca cómo los algoritmos pueden perpetuar y exacerbar la desigualdad y la injusticia cuando se basan en datos sesgados o se interpretan incorrectamente por ejemplo en la industria de bancaria. Algunos algoritmos pueden determinar la solvencia de un individuo basándose en datos como su historial de empleo, su educación, o incluso sus interacciones en las redes sociales. Esto puede resultar en la negación de préstamos a individuos que podrían haber sido considerados elegibles bajo una evaluación más tradicional, y podría tener un impacto desproporcionado en grupos desfavorecidos.

Esto lo que nos lleva a tener es un **gran llamado de atención**, aunque los algoritmos nos faciliten la toma de decisiones **confiar ciegamente en los algoritmos es un total error** y es allí donde la responsabilidad sobre la toma de decisiones recae en nosotros.

En el siguiente capítulo, examinaremos cómo las visualizaciones de datos pueden ser utilizadas para contar historias y comunicar información de manera efectiva con los principios éticos y legales que hemos discutido en este   capítulo.

DESAFÍOS FUTUROS EN LA PROTECCIÓN DE DATOS Y LA PRIVACIDAD

Mirando hacia el futuro, el ritmo acelerado de la innovación tecnológica presentará desafíos aún mayores en términos de protección de datos y privacidad. Los avances en la inteligencia artificial (AI), el aprendizaje automático (ML) y el Internet de las Cosas (IoT) aumentarán exponencialmente la cantidad de datos que generamos y recopilamos. A medida que estos datos se vuelven cada vez más interconectados, la protección de la privacidad se vuelve aún más crucial.

Un ejemplo de esto son los termostatos que no solo regulan la temperatura, sino que aprenden tus patrones y preferencias; y las pulseras de fitness que no solo cuentan tus pasos, sino que se convierten en tus entrenadores personales. Estos ingeniosos dispositivos de IoT son como diligentes recolectores de datos, acumulando tesoros de información personal a cada segundo. Es cierto que nos otorgan comodidades mágicas y eficiencia ultramoderna, pero ¡cuidado!, también hay un lado oscuro. Nos enfrentamos a enigmas y laberintos en la protección de datos y la privacidad. Navegar por estas aguas requiere destreza y sabiduría para mantener a salvo los tesoros que estos pequeños "amigos" recopilan.

Otro desafío es de navegar por el oleaje intenso de la inteligencia artificial y el aprendizaje automático. Estos algoritmos de IA, con su habilidad casi mística para analizar mares de datos, identificar patrones y hacer predicciones, parecen titanes del mundo digital. Pero, como el titán Prometeo, pueden ser esquivos y enigmáticos, planteando dilemas sobre responsabilidad y equidad.

De hecho un informe de 2018 del Information Commissioner's Office del Reino Unido sobre Big data, AI, machine learning and data protection[15] ofrece una visión detallada de estos desafíos y proporciona recomendaciones sobre cómo las organizaciones pueden proteger los datos y la privacidad en un mundo de datos cada vez más complejo, te animo a que lo leas.

Como vemos la tecnología avanza a pasos agigantados, presentando desafíos y oportunidades por igual. Innovaciones en privacidad, como el disfraz de la anonimización y el escudo del cifrado, ofrecen nuevas armas en la lucha por la privacidad en la era de los grandes datos. Además, nos encontramos en la era dorada de la ética de la IA, que busca crear algoritmos que sean caballeros de la justicia, la transparencia y el respeto a la privacidad.

Asi es que como conocedores en la visualización de datos, debemos estar en la primera línea de estos desafíos y oportunidades. Tenemos la responsabilidad de utilizar nuestros conocimientos y habilidades para garantizar que los datos se utilicen de manera ética y responsable, y para abogar por la privacidad y la protección de los datos en todos los aspectos de nuestro trabajo.

En conclusión, la protección de los datos y la privacidad son como el compás y el timón de nuestras visualizaciones de datos. Aunque navegamos por mares complejos y cambiantes, enfrentar estos desafíos es crucial para mantener la fe en nuestras visualizaciones y garantizar su uso justo y responsable. Nuestro faro debe ser siempre la precisión, la transparencia y, sobre todo, el respeto por la privacidad y los derechos de aquellos cuyos datos damos vida en nuestras visualizaciones.

En nuestro próximo capítulo, descubriremos cómo las visualizaciones de datos pueden ser artistas de cuentacuentos, comunicando información de manera efectiva, mientras honramos los principios éticos y legales que hemos discutido durante estos capítulos.

---

[15] Big data, artificial intelligence, machine learning and data protection Data Protection Act and General Data Protection Regulation. (s/f). Org.uk. Recuperado el 11 de junio de 2023, de https://ico.org.uk/media/for-organisations/documents/2013559/big-data-ai-ml-and-data-protection.pdf

PARTE IV: APLICANDO LO APRENDIDO: LLEVANDO NUESTRO BARCO A PUERTO

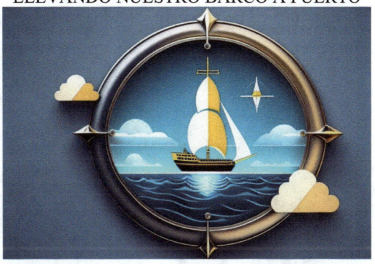

Hemos viajado juntos a través de mares tempestuosos, hemos explorado territorios desconocidos, y hemos aprendido a descifrar las señales en los datos que nos guían. Ahora, estamos listos para llevar nuestro barco a puerto, llevando con nosotros un preciado tesoro: el conocimiento y la comprensión que hemos adquirido en nuestra travesía.

Este es el momento de poner a prueba todo lo que hemos aprendido, de mostrar cómo podemos utilizar nuestras habilidades recién adquiridas para explorar nuevas formas de contar historias, de comunicar ideas, y de descubrir patrones y tendencias ocultos en los datos. Estamos listos para emprender el último tramo de nuestro viaje, donde aplicaremos lo aprendido y veremos cómo nuestras habilidades pueden llevarnos a nuevos horizontes.

Prepárate para el desafío, prepárate para la emoción, prepárate para la satisfacción de ver tu trabajo dar fruto. Pero sobre todo, prepárate para la magia que ocurre cuando los datos y las historias se entrelazan, creando una narrativa fascinante que captura la imaginación y lleva a la audiencia en un viaje de descubrimiento.

Este es el viaje de la visualización de datos. Y tú, valiente navegante, estás a punto de llevar tu barco a puerto, listo para compartir las maravillosas historias que has descubierto en tus datos. Así que sube a bordo, izamos las velas, y prepárate para la aventura que te espera. Bienvenido a la Parte IV: Aplicando lo Aprendido: Llevando Nuestro Barco a Puerto.

7.CONTANDO HISTORIAS A TRAVÉS DE LOS DATOS: LA MAGIA DE LA NARRATIVA

Imagina por un momento que te encuentras sentado alrededor de una hoguera en una noche serena y estrellada. El ruido de la madera y las llamas danzan en el aire, creando un ambiente de misterio y expectación. A tu lado, un contador de historias se prepara para hablar. Con un susurro comienza a tejer una narración fascinante, utilizando solo palabras para transportarte a otro tiempo y lugar. Sientes cada emoción, ves cada escena, todo gracias a la magia seductora de la narrativa.

¿No sería maravilloso si pudiéramos capturar esa misma esencia y energía en nuestra visualización de datos?

Bienvenido al Capítulo 7, donde descubriremos el arte de contar historias con datos. Aquí, aprenderemos a transformar hojas secas y dispersas en narraciones cautivadoras que captan la atención de la audiencia y permanecen en su memoria mucho después de que la presentación haya terminado.

La narrativa de datos es el alma de una buena visualización. Sin ella, incluso los gráficos más bellamente diseñados pueden quedarse sin vida, careciendo del toque humano que despierta la emoción y la conexión. En este capítulo, exploraremos cómo tejer narrativas convincentes a partir de nuestros datos, creando no solo visualizaciones estéticamente agradables, sino también experiencias inmersivas y emotivas que realmente resuenan con la audiencia.

En nuestro viaje a través de la narrativa de datos, desvelaremos la magia que puede dar vida a las visualizaciones. Abordaremos los conceptos clave de la narración, desde la creación de un arco narrativo hasta el desarrollo de personajes y la construcción de la tensión. No solo eso, sino que también discutiremos cómo utilizar estos elementos en el contexto de los datos para crear historias cautivadoras que pueden ayudar a transmitir complejidades, descubrir patrones ocultos y, en última instancia, impulsar la toma de decisiones basada en datos.

Prepárate para emprender un viaje emocionante a través de la narrativa de datos. Al final de este capítulo, no solo habrás aprendido a contar historias con datos, sino que también habrás descubierto cómo convertirte en el contador de historias de la hoguera, capturando la atención de tu audiencia y transportándola a través de la magia de la narrativa. ¿Estás listo? ¡Vamos a sumergirnos!

La narración de datos se basa en tres elementos clave: los datos, la visualización y la narrativa. Estos elementos trabajan juntos para crear una historia que sea informativa, atractiva y memorable.

- **Datos:** Estos son la base de cualquier historia de datos. Estos deben ser precisos, relevantes y fiables. Además, deben estar estructurados de manera que permita extraer información útil de ellos. Por lo tanto, antes de poder contar una historia con tus datos, necesitas asegurarte de que estos sean de alta calidad y que estén organizados de manera efectiva.

- **Visualización:** Es la herramienta que utilizas para presentar tus datos. Esta puede tomar muchas formas, desde simples gráficos de barras hasta complejas infografías. La clave para una buena visualización es que debe ser fácil de entender y debe resaltar la información más importante de tus datos. Para lograr esto, necesitarás tener en cuenta factores como el diseño, el color, la forma y el tamaño (Capitulo 2: "Colores, Formas y Tamaños: El Arte del Diseño en la Visualización de Datos").

- **Narrativa: Es la** historia que estás contando con tus datos. Esta debe ser interesante, relevante y atractiva. Para crear una buena narrativa, necesitas entender bien tus datos y el mensaje que quieres transmitir (Capitulo 3 – "Contar una historia con datos"). También necesitas entender a tu audiencia y lo que esta encuentra interesante o relevante.

Entender estos tres elementos y cómo trabajan juntos es fundamental para la narración de datos. En las siguientes secciones, exploraremos cada uno de estos elementos con más profundidad y discutiremos cómo puedes utilizarlos para mejorar tus propias visualizaciones de datos.

Datos: El Material Prima de la Historia

El relato más fascinante comienza con un sólido cimiento de datos. Los datos son la materia prima de nuestras historias y, como tal, debemos darles la atención que merecen, es por ello que dejo estas recomendaciones para nuestro primer elemento, los datos.

1. *Calidad de los datos:* El primer paso en nuestra odisea de narración de datos es asegurar que la calidad de nuestros datos es alta. Los datos precisos, relevantes y confiables son esenciales para cualquier visualización de datos. Las distorsiones, errores o datos irrelevantes pueden llevar a conclusiones erróneas y desacreditar nuestra historia. Aquí aprenderemos a validar la calidad de los datos y cómo manejar posibles problemas, desde inconsistencias hasta datos faltantes.

2. *Organización de los datos:* Una vez que estemos seguros de la calidad de nuestros datos, debemos estructurarlos de manera efectiva. Los datos mal organizados pueden ser confusos y dificultar nuestra capacidad para identificar patrones y tendencias significativas. En esta sección, exploraremos cómo organizar nuestros datos de manera lógica y eficiente para facilitar su análisis.

3. *Selección de los datos:* No todos los datos son útiles para todas las historias. Debemos ser selectivos y elegir los datos que mejor respalden y enriquezcan nuestra narración. Aprenderemos a identificar y seleccionar los datos más relevantes para nuestra historia.

4. *Exploración de los datos:* Antes de que podamos empezar a contar nuestra historia, necesitamos conocer nuestros datos íntimamente. Exploraremos nuestros datos, buscando patrones emergentes, tendencias y anomalías. Estos hallazgos serán los pilares de nuestra historia.

5. *Datos a lo largo del tiempo:* La temporalidad puede ser un elemento crucial en nuestras historias. Los cambios y tendencias a lo largo del tiempo pueden proporcionar una visión única y poderosa. Aprenderemos a manejar y representar los datos temporales en nuestras visualizaciones.

Al final de este capítulo, tendrás un sólido entendimiento de cómo manejar los datos, desde la fase inicial de garantizar su calidad hasta la exploración final para descubrir las joyas ocultas que darán vida a tu historia. En el próximo capítulo, transformaremos estos datos en imágenes atractivas y significativas a través del arte de la visualización de datos.

Visualización: El Arte de Mostrar Datos

Bienvenidos a la segunda fase de nuestra travesía. Ahora que hemos forjado y pulido los tesoros de nuestros datos, es el momento de mostrarlos al mundo de la manera más cautivadora. La visualización es nuestra galería, donde exponemos nuestros datos de manera que hablen por sí mismos. A continuación, te daré unos puntos claves a tener en cuenta y recuerda que puedes apoyarte de los capítulos 2, 3 y 4 durante este proceso.

1. *Elegir la visualización adecuada:* Imagine que está en una galería de arte, donde cada pintura representa un conjunto de datos. Las pinturas pueden ser abstractas, retratos o paisajes. Similarmente, nuestras visualizaciones de datos pueden tomar muchas formas. Los gráficos de barras son excelentes para comparar cantidades; los gráficos circulares para mostrar proporciones; y los mapas de calor son fabulosos para revelar patrones en un conjunto de datos.
   Por ejemplo, si te estás enfocando en las fluctuaciones de las ventas a lo largo del tiempo, un gráfico de líneas puede ser tu aliado perfecto. Por otro lado, si quieres comparar la popularidad de diferentes productos, un gráfico de barras podría ser más adecuado.

2. *El Arte del Diseño :* Ahora, no sólo necesitamos elegir el tipo de "pintura", sino también cómo la coloreamos y damos forma. El uso del color es un arma de doble filo: puede hacer que tu visualización resalte o puede confundir a tu audiencia si no es

usado correctamente.

Las formas y tamaños también desempeñan un papel crítico como lo hablamos en el capítulo 2. Una burbuja más grande en un gráfico de burbujas puede indicar una cantidad mayor. Sin embargo, es importante no exagerar y mantener un equilibrio para que la visualización sea fácil de entender.

3. *Visualización Interactiva:* Aquí es donde la magia realmente cobra vida. Imagina que puedes entrar en una pintura y explorarla. Las visualizaciones interactivas son similares; permiten a la audiencia interactuar con los datos. Por ejemplo, un mapa interactivo puede permitir a los usuarios hacer zoom en diferentes áreas para obtener información más detallada.

4. *Claridad y simplicidad:* Recuerda, la elegancia radica en la simplicidad "menos es más". No quieres abrumar a tu audiencia con demasiada información de una vez. En su lugar, debes guiarlos a través de tu visualización como si estuvieran leyendo una historia, de principio a fin.

5. *Herramientas para la visualización de datos:* Afortunadamente, no necesitas ser un pintor m:aestro para crear visualizaciones impresionantes. Hay muchas herramientas como Power BI y Python que pueden ayudarte a crear visualizaciones de datos de manera eficiente.

Ahora que has desentrañado los secretos de la visualización, estás listo para presentar tus datos al mundo como obras de arte. Pero espera, aún queda una pieza final en este rompecabezas: la narrativa. ¡Nos vemos en el siguiente capítulo!

Narrativa: Hilando Datos en Historias

Hemos llegado a la parte culminante de nuestro viaje de los elementos claves en la narración de datos, donde se aplica el poder de las palabras y la narrativa para unir nuestros datos y visualizaciones en una historia fascinante. Para ello recordaremos algunos puntos importantes descritos en el capítulo 3.

1. *Entendiendo la estructura de la historia:* Cada buena historia tiene una introducción, un desarrollo y un desenlace. En la introducción, establecemos el escenario y presentamos los personajes, que en nuestro caso son los datos y las visualizaciones. Durante el desarrollo, avanzamos en nuestra historia, resaltando los

puntos de inflexión y el drama subyacente. Finalmente, llegamos al desenlace, donde presentamos nuestras conclusiones y reflexiones finales.

Por ejemplo, si estamos contando una historia sobre el aumento en las ventas de una empresa, podríamos empezar presentando la empresa y sus productos, luego mostrar cómo las ventas comenzaron a aumentar con una nueva estrategia de marketing, y finalmente reflexionar sobre cómo esta estrategia podría ser implementada en el futuro.

2. *Elegir un tema central:* Justo como en una novela o película, nuestra historia de datos necesita un tema central, una idea que guíe nuestro relato y dé significado a nuestros datos. Puede ser algo como el impacto del cambio climático en las temperaturas globales, o el efecto de la pandemia en la economía.

3. *Generando emoción:*Las historias más memorables son aquellas que nos emocionan, ya sea con alegría, tristeza, sorpresa o miedo. Nuestra narrativa de datos no es diferente. Podemos generar emoción eligiendo cuidadosamente nuestras palabras, usando colores y formas en nuestras visualizaciones, y enfocándonos en los aspectos de los datos que tienen un impacto emocional en nuestra audiencia.

4. *Narrativa centrada en el público:* No olvides que tu historia no es para ti, es para tu audiencia. Por lo tanto, necesitas entender a tu audiencia: sus intereses, su nivel de conocimiento y sus expectativas. Si tu audiencia está compuesta por expertos en la materia, puedes usar terminología más técnica y entrar en detalles más profundos. Si tu audiencia es el público general, querrás mantener las cosas simples y claras.

5. *Herramientas de narración:* Afortunadamente, no tienes que ser un escritor galardonado para crear una narrativa efectiva. Existen muchas herramientas y técnicas que puedes usar para mejorar tus habilidades de narración. Por ejemplo, el "storytelling" digital puede ser una forma efectiva de contar tu historia, utilizando multimedia para hacerla más atractiva.

Una vez que hayas dominado el arte de la narración, estarás listo para presentar tus historias de datos al mundo. Ya no serás sólo un analista de

datos, sino un narrador de historias de datos, capaz de descubrir y compartir las historias ocultas en los datos de una manera que capte la atención y el corazón de tu audiencia.

CONTANDO LA HISTORIA DETRÁS DE LOS NÚMEROS

Aunque los números son esenciales para cualquier historia de datos, son sólo una parte de la ecuación. La otra parte es la historia que esos números cuentan. Y para contar esa historia de manera efectiva, necesitamos entender cómo nuestra audiencia procesa y responde a las historias.

Los humanos están programados para responder a las historias. Nuestras mentes están diseñadas para buscar patrones, conexiones y causas y efectos en la información que procesamos. Cuando leemos una historia, no sólo absorbemos los detalles y los hechos, también buscamos el "por qué" y el "cómo". Queremos entender las motivaciones, los conflictos y las resoluciones. Queremos ver cómo se desarrolla la historia, cómo los personajes interactúan y cómo se resuelven los problemas.
Estos elementos - personajes, conflictos, resoluciones - son los que hacen que las historias sean emocionantes y memorables. Y son estos mismos elementos los que pueden hacer que nuestras historias de datos sean emocionantes y memorables.

Imaginemos, por ejemplo, que tienes un conjunto de datos sobre las ventas de una tienda de ropa. Podrías comenzar tu historia presentando a los "personajes": las diferentes líneas de ropa que la tienda vende. Luego podrías introducir el "conflicto": tal vez una línea de ropa está vendiendo mucho más que las otras, o tal vez las ventas han bajado en general.

A partir de ahí, podrías explorar las posibles "resoluciones" al conflicto. ¿Podría la tienda aumentar las ventas promocionando las líneas de ropa menos populares? ¿O tal vez debería concentrarse en las líneas de ropa más populares y descontinuar las que no se venden tan bien?

Este tipo de narrativa ayuda a los lectores a entender tus datos a un nivel más profundo. Les permite ver los datos no sólo como números, sino como una historia con personajes, conflictos y resoluciones. Y eso, a su vez, los hace más propensos a recordar y actuar sobre la información que estás presentando.

CREANDO UN ARCO NARRATIVO CON TUS DATOS

Para estructurar mejor nuestro capitulo anterior llega el arco narrativo como estructura común que se utiliza en muchas historias. Consiste en la introducción, el desarrollo, el clímax y el desenlace. Este arco puede ser una herramienta poderosa para la narración de datos, ya que puede ayudarte a presentar tus datos de manera que sea emocionante, atractiva y fácil de seguir para tu audiencia.

Introducción
Aquí es donde presentas tu historia y estableces el escenario. En el contexto de la narración de datos, esto podría implicar presentar el conjunto de datos que estás utilizando, explicar por qué es importante y dar a tu audiencia una idea de lo que puede esperar de tu historia.

Por ejemplo, si estás contando una historia sobre las ventas de una empresa, podrías comenzar hablando de la empresa, los productos que vende y su historia de ventas en los últimos años. Esto establecería el escenario para tu historia y daría a tu audiencia una base sobre la cual construir.

Desarrollo
Esta es la parte de la historia donde desarrollas tus ideas y presentas tus argumentos. En la narración de datos, esto podría implicar presentar los datos en más detalle, analizar los patrones y las tendencias, y discutir las implicaciones de los datos.

Siguiendo con nuestro ejemplo de las ventas de la empresa, podrías mostrar un gráfico de las ventas a lo largo del tiempo, discutir cualquier patrón que veas (por ejemplo, un aumento en las ventas durante la temporada de vacaciones), y hablar sobre lo que estos patrones podrían significar para la empresa.

Climax
Este es el punto de mayor tensión o emoción en la historia. En la narración de datos, esto podría ser el punto donde presentas tu hallazgo más significativo o sorprendente.

Por ejemplo, quizás descubriste que a pesar de un aumento general en las ventas, una línea de productos en particular está teniendo un rendimiento muy pobre. Este podría ser el "clímax" de tu historia, ya que es probable que sea el hallazgo que más interese a tu audiencia.

Conclusión
Aquí es donde terminas tu historia. En la narración de datos, esto podría implicar resumir tus hallazgos, discutir sus implicaciones y sugerir pasos a seguir.

Por ejemplo, podrías terminar tu historia de ventas sugiriendo que la empresa debería investigar más a fondo por qué esa línea de productos en particular no está rindiendo bien, y considerar estrategias para mejorar las ventas en el futuro.

En muchas historias, hay puntos de giro: momentos donde la trama cambia de dirección de una manera importante. Estos puntos de giro pueden ser efectivos en la narración de datos para mantener a tu audiencia comprometida y hacer que tu historia sea más memorable.

Por ejemplo, digamos que estás contando una historia sobre el rendimiento de un equipo de ventas a lo largo del tiempo. Podrías comenzar con el punto de partida de que el equipo ha estado superando constantemente sus objetivos de ventas. Pero luego, podrías introducir un punto de giro: en el último trimestre, el equipo no alcanzó su objetivo por primera vez.

Este punto de giro podría abrir una nueva línea de investigación. ¿Por qué el equipo no alcanzó su objetivo? ¿Fue un incidente aislado, o es parte de una tendencia preocupante? Al plantear estas preguntas, puedes mantener a tu audiencia interesada y comprometida con tu historia.

Al igual que en cualquier buena historia, los personajes juegan un papel importante en la narración de datos. En este caso, los "personajes" son los elementos de tus datos.

Los "protagonistas" son los elementos de tus datos que juegan un papel positivo en tu historia. Por ejemplo, si estás contando una historia sobre el crecimiento de una empresa, los protagonistas podrían ser los productos o servicios que han impulsado ese crecimiento.

Por otro lado, los "antagonistas" son los elementos de tus datos que presentan desafíos o conflictos. En la historia de crecimiento de la empresa, los antagonistas podrían ser factores como la competencia creciente, los cambios en el mercado o los problemas internos que están frenando el crecimiento.

Al identificar y describir a estos "personajes", puedes hacer que tu historia sea más interesante y atractiva para tu audiencia.
Como ejercicio, prueba a tomar un conjunto de datos y tratar de identificar a los "protagonistas" y "antagonistas". ¿Cómo se relacionan estos personajes con la historia que estás tratando de contar? ¿Cómo podrías usarlos para hacer tu historia más interesante y atractiva?

Así concluye nuestro viaje por el mágico arte de la narrativa de datos.

Hemos explorado cómo los datos, las visualizaciones y las historias se entretejen para transformar información cruda en relatos cautivadores que pueden informar, inspirar e influir en los lectores de esta información. Pero recordemos siempre que, en el centro de cada narrativa, está el respeto, la etica y la consideración por las personas que están representadas en los datos. Su vida, sus historias, merecen ser contadas con integridad y empatía. Nuestra habilidad para contar historias a través de los datos no sólo enriquece nuestro trabajo como profesionales de la visualización de datos, sino que también abre nuevas puertas para el entendimiento y la comunicación en nuestra sociedad cada vez más basada en datos.

8.NAVEGANDO HACIA EL HORIZONTE: LA VISUALIZACIÓN DE DATOS EN LA PRÁCTICA INDUSTRIAL

La maravilla de un horizonte se encuentra en su capacidad para simbolizar tanto un final como un nuevo comienzo. Una vez hemos desglosado los elementos esenciales de la narrativa y cómo se incorporan en la visualización de datos en el capítulo anterior, ahora nos encontramos en un punto crucial en nuestra travesía.

Prepárate para descubrir cómo la visualización de datos está cambiando la forma en que las organizaciones toman decisiones, solucionan problemas y cuentan sus propias historias. Vamos a ver cómo los conceptos y las técnicas que hemos explorado hasta ahora se aplican en situaciones reales, desbloqueando nuevos niveles de eficiencia, innovación y entendimiento.
Así que ajusta tu brújula, porque el siguiente paso en nuestra travesía promete ser igual de fascinante y revelador. ¡Vamos a zarpar hacia el horizonte de la visualización de datos en la práctica industrial!

EL PAPEL DE LA VISUALIZACIÓN DE DATOS EN LA INDUSTRIA

El paisaje industrial contemporáneo está inundado de datos. Desde la cadena de suministro hasta el análisis del comportamiento del consumidor, los datos impregnan cada esquina de la empresa moderna. La capacidad de interpretar y utilizar efectivamente estos datos se ha convertido en una habilidad fundamental en numerosas industrias. Aquí es donde entra la visualización de datos.

La visualización de datos ofrece a las empresas una manera efectiva de interpretar, analizar y actuar sobre sus datos. En el contexto empresarial, esto puede tomar muchas formas, desde informes de ventas interactivos hasta mapas de calor de la actividad del sitio web. Cada uno de estos usos tiene el potencial de proporcionar insights valiosos orientados a la toma de decisiones.

Pero la utilidad de la visualización de datos no se limita a las operaciones internas de una empresa. También se está convirtiendo en una herramienta cada vez más valiosa para la comunicación externa. Ya sea que estén informando a los inversores sobre el rendimiento financiero, demostrando el impacto de una organización sin fines de lucro, o informando al público sobre cuestiones de importancia social, las empresas de todos los sectores están descubriendo el poder de la visualización de datos para contar sus historias de una manera accesible y atractiva.

CASOS DE USO DE LA VISUALIZACIÓN DE DATOS EN LA INDUSTRIA

Al explorar cómo se utiliza la visualización de datos en la práctica industrial, podemos dividir los casos de uso en dos categorías principales: operacionales y estratégicos. Cada uno de estos casos de uso tiene su propio conjunto de desafíos y oportunidades, pero todos ellos se benefician de la capacidad de la visualización de datos para simplificar y clarificar la información compleja.

Casos de Uso Operacionales - ATD

En el mundo de la logística y distribución, la visualización de datos ha demostrado ser una herramienta invaluable. Por ejemplo, consideremos el caso de la empresa American Tire Distributors.

- *Retos y Desafíos*

American Tire Distributors (ATD), un distribuidor independiente con 140 centros de distribución y más de 5,000 empleados, enfrentaba desafíos en la estandarización y eficiencia de sus procesos de planificación. La compañía manejaba informes a través de hojas de cálculo de Excel que carecían de estandarización y contenían diferentes niveles de detalle, lo que dificultaba la consolidación de datos críticos para la planificación laboral y la precisión de las proyecciones. Además, la compañía buscaba una solución más flexible para construir modelos financieros y predictivos en una sola plataforma que pudiera soportar su arquitectura de datos basada en Microsoft SQL Server.

- *La Solución y Resultados Obtenidos*

ATD eligió a Acterys como su socio de transformación financiera. Acterys es una solución integral que se integra con Microsoft Power BI y permite la construcción de modelos de datos profesionales que integran diversas fuentes de datos.

Usando Acterys, ATD construyó una sólida aplicación de planificación laboral en Power BI que es estandarizada, fácil de configurar y desplegar, asegura una ejecución rápida y ofrece toda la funcionalidad necesaria para manejar los diversos flujos de datos. Además, la plataforma Acterys viene equipada con capacidades de inteligencia artificial y aprendizaje automático para soportar varios modelos de informes financieros.

Como resultado, más de 400 usuarios ahora trabajan con Acterys para manejar los procesos de planificación, presupuestación, proyección y elaboración de informes de ATD de manera eficiente y rápida. La estandarización que Acterys ha traído ha ahorrado a ATD cientos de horas y ha impulsado la productividad del equipo.

Además, ATD ha experimentado un ahorro significativo de costos al usar una sola plataforma y evitar los costos de licencia de otras soluciones de gestión del rendimiento corporativo heredadas.

Esta solución no solo ha optimizado los procesos de planificación financiera, sino que también ha permitido un uso más amplio para casos de uso no financieros, todo ello mientras se garantiza un menor costo total de propiedad y tasas de productividad más altas para el equipo.

Para más detalles, te invito a leer el siguiente articulo: American Tire Distributors agiliza la planificación y los proyectos con Acterys y Microsoft Power BI.[16]

Caso de Uso Estratégico-Netflix

- ### Desarrollo de Nuevos Productos en Netflix
Una empresa que utiliza estratégicamente la visualización de datos para tomar decisiones es Netflix, la gigante de la transmisión en línea.

- ### Retos y Desafíos
El desafío principal para Netflix es la enorme competencia en el espacio de transmisión en línea y la necesidad constante de crear contenido nuevo y atractivo. Con millones de usuarios en todo el mundo, cada uno con sus propias preferencias y comportamientos de visualización, es crucial para Netflix entender qué tipo de contenido es más probable que tenga éxito.

- ### La Solución y Resultados Obtenidos
Netflix utiliza la visualización de datos para analizar el comportamiento de visualización de sus usuarios y entender qué tipo de programas y películas son los más populares. Los algoritmos de Netflix no sólo consideran qué programas son los más vistos, sino también cómo se ven (por ejemplo, si los espectadores ven toda una temporada de un programa en un solo fin de semana, o si abandonan un programa después de unos pocos episodios).
Estos datos se visualizan y se utilizan para informar las decisiones de la compañía sobre qué nuevos programas producir y qué programas existentes renovar o cancelar. Esto ha llevado a la producción de programas muy exitosos basados en las preferencias de los usuarios, como "Stranger Things" y "The Crown".

Los resultados han sido impresionantes. La capacidad de Netflix para utilizar la visualización de datos para informar sus decisiones de programación ha sido una de las claves de su éxito en el espacio de transmisión en línea. Al tomar decisiones basadas en datos, Netflix ha podido mantenerse a la vanguardia en un mercado altamente competitivo y en constante cambio.
Para profundizar más en este tema, te recomiendo leer el siguiente artículo: Cómo Netflix utiliza la visualización de datos para tomar decisiones.[17]

---

[16]https://www.dhl.com/discover/content/dam/dhl/downloads/interim/full/dhl-trend-report-internet-of-things.pdf

[17] https://netflixtechblog.com/artwork-personalization-c589f074ad76

A medida que avanzamos hacia el horizonte, el futuro de la visualización de datos en la industria parece brillante. Con los avances en la tecnología de datos y la creciente demanda de habilidades de visualización de datos, es probable que veamos una proliferación de nuevas y emocionantes formas de utilizar la visualización de datos en el ámbito industrial.

Desde la incorporación de la realidad virtual y aumentada en las visualizaciones de datos, hasta el desarrollo de nuevas formas de visualización de datos para grandes conjuntos de datos, las posibilidades son prácticamente ilimitadas. Y con cada nueva innovación, tenemos la oportunidad de aprender, crecer y mejorar nuestra capacidad para contar historias con datos.

A medida que te embarcas en tu propio viaje en la visualización de datos, te animo a que mantengas los ojos abiertos y estés siempre dispuesto a explorar nuevos horizontes. Porque en la visualización de datos, como en la navegación, el viaje es tan importante como el destino.

Así que sigamos navegando hacia el horizonte, con la promesa de nuevos comienzos y la esperanza de un futuro brillante para la visualización de datos en la industria.

CASOS DE ÉXITO EN LA INDUSTRIA

La visualización de datos no es sólo una herramienta teórica o académica, es una parte integral de muchas operaciones comerciales y ha llevado a algunos casos de éxito notables. Aquí presentaremos algunos de estos casos para ilustrar cómo la visualización de datos puede tener un impacto real y tangible en el mundo empresarial.

UPS y su éxito con ORION

UPS, la gigantesca empresa de logística y transporte de paquetes, ha aprovechado la visualización de datos para revolucionar la eficiencia de sus operaciones. Veamos cómo lo han hecho y cuál ha sido el impacto.

- ### Optimización de Rutas de Entrega

  Uno de los mayores desafíos en la logística de entrega es planificar rutas eficientes. Con millones de paquetes entregados diariamente en todo el mundo, incluso pequeñas ineficiencias en las rutas pueden sumarse a costos significativos en términos de tiempo y combustible.

  Para abordar este desafío, UPS desarrolló un sistema llamado ORION (On-Road Integrated Optimization and Navigation), que utiliza tecnología GPS y algoritmos complejos para optimizar las rutas de sus conductores. Este sistema toma en cuenta diversos factores como el tráfico, el clima, y la cantidad y ubicación de las entregas y recolecciones.

- ### Visualización de Datos para una Mayor Eficiencia

  Lo que hace que ORION sea particularmente poderoso es cómo UPS utiliza visualizaciones de datos para presentar la información de manera accesible y comprensible para los conductores y el equipo de operaciones. Mediante mapas interactivos y gráficos, los conductores pueden ver sus rutas optimizadas visualmente, lo que les permite entender fácilmente las rutas más eficientes.

  En el centro de operaciones, el equipo puede visualizar toda la flota en tiempo real, monitorear el progreso de las entregas, y hacer ajustes sobre la marcha si es necesario. Por ejemplo, si hay un embotellamiento en una carretera particular, el equipo de operaciones puede ver esto en un mapa y redirigir a los conductores a rutas alternativas.

- ### Impacto y Beneficios

  El impacto de la visualización de datos en las operaciones de UPS ha sido profundo. Se estima que ORION ayuda a UPS a ahorrar alrededor de 10 millones de galones de combustible y reducir las emisiones de CO_2 en aproximadamente 100,000 toneladas métricas cada año. Esto no solo reduce los costos para UPS, sino que también es beneficioso para el medio ambiente.

  Además, al reducir el tiempo que los conductores pasan en la carretera, UPS puede mejorar la eficiencia de sus operaciones y, potencialmente, realizar más entregas en un día. Esto resulta en un mejor servicio para los clientes y una ventaja competitiva para UPS. En conjunto, la visualización de datos ha sido una herramienta esencial para UPS en su búsqueda de una logística más eficiente y sostenible. Ha permitido a la compañía tomar decisiones más informadas, mejorar el servicio al cliente y mantenerse a la vanguardia en una industria altamente competitiva.

Spotify y sus recomendaciones semanales

Spotify, el popular servicio de streaming de música, ha utilizado la visualización de datos como una herramienta fundamental para mejorar la experiencia de sus usuarios y personalizar sus servicios. Veamos cómo lo han hecho y cuál ha sido el impacto.

- *Análisis de Hábitos de Escucha y Personalización de Recomendaciones*

  Una de las características distintivas de Spotify es su capacidad para recomendar música que sea relevante y atractiva para sus usuarios. Esto se logra mediante el análisis de enormes cantidades de datos sobre los hábitos de escucha de los usuarios. ¿Qué canciones han escuchado más a menudo? ¿Qué géneros prefieren? ¿En qué momentos del día escuchan cierto tipo de música? Todas estas preguntas son cruciales para entender las preferencias del usuario, y la visualización de datos juega un papel central en el proceso.

  Spotify utiliza gráficos, diagramas y tablas para visualizar los datos de escucha de sus usuarios. Esto permite a los analistas de datos y al equipo de desarrollo de productos identificar tendencias y patrones en los hábitos de escucha.

  Por ejemplo, un gráfico de barras podría mostrar la popularidad de diferentes géneros musicales entre un segmento de usuarios. Un gráfico de líneas podría visualizar cómo cambian las preferencias de escucha a lo largo del tiempo. Estas visualizaciones permiten que los equipos de Spotify tomen decisiones informadas sobre qué música recomendar a cada usuario.

- *Descubrimiento Semanal y Listas de Reproducción Personalizadas*

  Una de las características más populares de Spotify es la lista de reproducción "Descubrimiento Semanal", que recomienda nuevas canciones a los usuarios cada semana basada en sus hábitos de escucha. Esta característica es el resultado directo del análisis de datos y su visualización.

Al utilizar algoritmos de aprendizaje automático y visualización de datos, Spotify puede crear una lista de reproducción que no solo se basa en las preferencias históricas del usuario, sino que también incorpora tendencias emergentes y gustos en desarrollo. Esto significa que los usuarios son expuestos a nueva música que probablemente les guste, manteniéndolos comprometidos con el servicio.

- ***Impacto y Beneficios***

  La utilización de la visualización de datos por parte de Spotify ha tenido varios beneficios tangibles. Primero, ha permitido una mayor personalización, lo que significa que los usuarios están más satisfechos y comprometidos con el servicio. Esto, a su vez, ayuda a retener a los usuarios y atraer a nuevos.

  En segundo lugar, al entender mejor las preferencias de los usuarios, Spotify puede tomar decisiones más informadas sobre qué música licenciar y cómo promocionar a artistas y álbumes.

En conjunto, la visualización de datos ha sido una herramienta esencial en el éxito continuo de Spotify en el altamente competitivo mercado de streaming de música.

Estos son sólo dos casos de éxito de cómo la visualización de datos puede tener un impacto real y tangible en la industria. Hay muchos más casos de éxito por ahí, y no hay duda de que veremos muchos más en el futuro.

A medida que la visualización de datos se vuelve más común en la industria, también se presentan nuevos desafíos y oportunidades. La creciente disponibilidad de grandes cantidades de datos ofrece un gran potencial para la toma de decisiones basada en datos, pero también plantea importantes cuestiones sobre la privacidad y la seguridad de los datos como lo hemos tratado anteriormente.

Una preocupación clave es la necesidad de proteger la privacidad de los datos personales. Como vimos en el Capítulo 6, las regulaciones de protección de datos están en constante evolución y las empresas deben ser conscientes de sus obligaciones en esta área. Sin embargo, con las herramientas adecuadas, la visualización de datos puede ayudar a las empresas a cumplir con estas regulaciones y a mantener la confianza de sus clientes.

Otro desafío es la necesidad de habilidades técnicas especializadas. La visualización de datos requiere una combinación de habilidades en estadística, programación y diseño gráfico, y hay una demanda creciente de profesionales con estas habilidades. Afortunadamente, también hay una creciente variedad de recursos de formación disponibles, como este libro, que pueden ayudar a las personas a desarrollar las habilidades necesarias.

Por último, existe el desafío de mantenerse al día con las rápidas innovaciones en el campo de la visualización de datos. Nuevas herramientas y técnicas están siendo desarrolladas constantemente, y las empresas deben ser capaces de adaptarse rápidamente a estos cambios para mantenerse competitivas.

Pero a pesar de estos desafíos, las oportunidades son enormes. La visualización de datos ofrece a las empresas la oportunidad de obtener nuevos conocimientos a partir de sus datos, mejorar la toma de decisiones y ofrecer mejores productos y servicios a sus clientes. Con la combinación correcta de habilidades, herramientas y enfoque, la visualización de datos puede ser una poderosa herramienta para el éxito en el mundo empresarial moderno.

Sin embargo, hay que ser conscientes de que la visualización de datos no es sólo una herramienta y su eficacia depende de cómo se utilice. Como vimos en el Capítulo 4, no todas las visualizaciones son iguales y hay muchas formas de presentar mal los datos. La formación y la ética en la visualización de datos son también fundamentales para evitar estas trampas y para utilizar la visualización de datos de manera eficaz y responsable.

En conclusión, la visualización de datos presenta tanto retos como oportunidades para las empresas. Con la formación y las habilidades adecuadas, las empresas pueden utilizar la visualización de datos para obtener insights a partir de sus datos, mejorar la toma de decisiones, y aumentar su eficiencia y competitividad. A medida que avanzamos en el siglo XXI, la visualización de datos seguirá siendo un campo en evolución y con un impacto creciente en el mundo de los negocios.

PARTE V: EL FIN DE NUESTRO VIAJE Y LA PROMESA DE UN NUEVO COMIENZO

Si bien el océano de la visualización de datos puede ser abrumador en un principio, cada gráfico, cada tabla, cada diseño, cada interacción y cada historia contada te acercará más a la orilla. A medida que nos adentramos en este viaje, es importante recordar que cada uno de nosotros es un explorador de datos y cada visualización es un barco que nos lleva a nuevas ideas y nuevos horizontes.

En este punto, hemos ganado mucha confianza y habilidad, y el mar de la visualización de datos ya no parece tan intimidante. Nos hemos enfrentado a desafíos y hemos superado obstáculos, y aunque las olas pueden haber sido agitadas, hemos mantenido el curso y hemos llegado a un lugar de creciente competencia y comprensión.

Cada historia que hemos contado y cada dato que hemos explorado nos ha proporcionado una nueva perspectiva, una nueva forma de ver y entender el mundo. Pero aunque este puede ser el fin de este viaje en particular, no es el fin de nuestra exploración de la visualización de datos.

Cada final es un nuevo comienzo, y mientras finalizo este libro, te invito a llevar contigo lo que has aprendido y a seguir explorando, a seguir creando, a seguir contando historias con tus visualizaciones. El mundo de los datos es vasto y hay mucho que descubrir. Te deseo suerte en tus futuras aventuras y siempre recuerda que la visualización de datos no es sólo una habilidad, es un arte.

¡Hasta aquí nuestro viaje! Espero que te haya encantado y que sigas navegando en el fascinante mundo de la visualización de datos. Recuerda, siempre habrá un nuevo océano de datos para explorar, y siempre estarás a la altura de los desafíos que se presenten. Nunca dejes de aprender, nunca dejes de explorar, y nunca dejes de contar historias. ¡Hasta la próxima aventura!

En nuestra última escala de este viaje, el capítulo 9, "Un Viaje Inolvidable: Proyecto Final de Visualización de Datos", te propongo un desafío: la creación de tu propio proyecto de visualización de datos. Te animo a que utilices todo lo que has aprendido en nuestro viaje para crear una visualización que refleje tu propio estilo y visión únicos. Este proyecto es tu oportunidad de mostrar tus habilidades y de producir algo de lo que puedas estar verdaderamente orgulloso.

Aprovecha este momento para explorar temas que te interesen, experimenta con diferentes estilos de visualización, y desafía tus propios límites. Este es tu momento de brillar y mostrar tu habilidad para contar historias a través de los datos, y así puedas crear algo que inspire a otros a embarcarse en su propio viaje de exploración de datos.

Por último, pero no menos importante, el capítulo 10, "El Faro que Nos Guía: Reflexiones Finales y el Futuro de la Visualización de Datos", es una oportunidad para pensar sobre nuestro viaje y mirar hacia el futuro. Discutiré sobre las tendencias emergentes en el campo de la visualización de datos y cómo puedes seguir desarrollando tus habilidades en el futuro.

9. UN VIAJE INOLVIDABLE: PROYECTO FINAL DE VISUALIZACIÓN DE DATOS

Nuestro último gran desafío en este viaje es el Proyecto Final de Visualización de Datos. Este será el legado de todo lo que hemos aprendido y explorado juntos. Piensa en él como tu brújula, una herramienta que te guiará a medida que continúes tu viaje en el fascinante mundo de la visualización de datos.

Este proyecto no solo es una oportunidad para demostrar tus habilidades y conocimientos, sino también un escenario para tu creatividad y perspicacia.

Se trata de aplicar todas las técnicas, conceptos y enfoques que hemos discutido hasta ahora para construir una visualización de datos significativa, intuitiva y estéticamente atractiva.

En primer lugar, tendrás que seleccionar un conjunto de datos que te interese. Esta elección es esencial, ya que será el terreno en el que se desarrolle tu proyecto. Recuerda que la elección de un buen conjunto de datos es elemental. Debe ser relevante, interesante y, sobre todo, tener una historia que contar.

Una vez que hayas seleccionado tu conjunto de datos, debes comenzar a explorarlo. ¿Cuáles son sus características? ¿Qué historia está tratando de contarte? Asegúrate de entender bien los datos antes de comenzar a visualizarlos. La exploración de datos es un paso crucial que no se puede pasar por alto.

A continuación, comienza a planificar tu visualización. ¿Qué tipo de gráfico o gráficos utilizarás? ¿Cómo ordenarás los datos para contar la historia de la manera más efectiva posible? ¿Cómo puedes hacer que tu visualización sea intuitiva y fácil de entender? Cada decisión que tomes debería estar dirigida a hacer que tu visualización sea lo más clara y efectiva posible.

Finalmente, recuerda la ética de la visualización de datos. Asegúrate de que tu visualización sea honesta, no manipuladora y respetuosa con la privacidad de los datos. Esto es especialmente importante si estás trabajando con datos sensibles o personales.
Este proyecto es tu oportunidad para consolidar y demostrar todo lo que has aprendido. Pero, sobre todo, es tu oportunidad para contar una historia a través de los datos, para llevar a tus lectores en un viaje de descubrimiento y entendimiento.

Aquí te dejo algunos recursos que pueden ser útiles para tu proyecto:

- Data.gov: Este es un excelente recurso para encontrar conjuntos de datos sobre una variedad de temas. Es un gran lugar para empezar si estás buscando inspiración para tu proyecto.
- Kaggle.com: Este sitio web es una comunidad de científicos de datos que comparten conjuntos de datos y competencias. Es una excelente fuente de conjuntos de datos desafiantes y también de ideas sobre cómo abordar problemas complejos de visualización de datos.

Recuerda, este proyecto es tu brújula. Te guiará en tus futuras aventuras en la visualización de datos. Así que tómalo en serio, pero no olvides disfrutar del proceso. ¡Buen viento y buena mar!

10. EL FARO QUE NOS GUÍA: REFLEXIONES FINALES Y EL FUTURO DE LA VISUALIZACIÓN DE DATOS

Este último capítulo es una reflexión sobre nuestra travesía y sobre lo que depara el futuro en el campo de la visualización de datos. Cada uno de nosotros ha emprendido un viaje personal y único, pero todos hemos sido guiados por el mismo faro: nuestro amor por la visualización de datos y nuestro deseo de utilizarla para contar historias significativas y reveladoras.

Hemos aprendido que la visualización de datos no es solo una herramienta, sino un arte y una ciencia. Hemos aprendido a navegar por los mares de datos, a descubrir patrones y relaciones ocultas, y a comunicar nuestras conclusiones de una manera que sea comprensible y atractiva para los demás. Pero también hemos aprendido que, al igual que cualquier arte o ciencia, la visualización de datos tiene su ética y sus desafíos.

En la era de la información, los datos se han convertido en un recurso invaluable. Nos rodean en cada aspecto de nuestras vidas y nos ofrecen un enorme potencial para el aprendizaje y el descubrimiento. Pero este potencial solo puede ser plenamente aprovechado si comprendemos cómo visualizar y comunicar estos datos de manera efectiva.

Mientras miramos hacia el futuro, es emocionante pensar en las posibilidades que se nos presentan. Con la rápida evolución de la tecnología y el creciente interés en la ciencia de datos, estamos presenciando una verdadera revolución en la forma en que interactuamos con los datos. La visualización de datos seguirá siendo una herramienta fundamental en esta revolución, ayudándonos a descifrar el significado detrás de los números y a tomar decisiones informadas.

De hecho podemos describir desde ahora ciertas tendencias en visualización de datos que estarán definiendo el camino por donde tenemos que encaminar nuestro barco y empezar a navegar en este nuevo mar del conocimiento.

1. ***Inteligencia Artificial y Machine Learning:*** Las herramientas de visualización de datos están cada vez más integradas con la inteligencia artificial y el aprendizaje automático para proporcionar percepciones más profundas y precisas. La AI puede identificar patrones y tendencias que los humanos podrían pasar por alto y presentar estos hallazgos de manera fácilmente digerible. De hecho hoy en día existe la posibilidad de crear visualizaciones con solo palabras, el futuro que nos espera es simplemente emocionante.

2. ***Realidad Aumentada y Virtual:*** La RA y la RV prometen revolucionar la forma en que interactuamos con los datos. En lugar de mirar gráficos y tablas estáticas, los usuarios podrán sumergirse en representaciones de datos tridimensionales e interactivas, proporcionando una comprensión más intuitiva de los datos. A esto le podemos agregar todo el metaverso y las posibilidades infinitas que se ciernen allí relacionadas con este campo.

3. ***Visualizaciones en Tiempo Real:*** Con la velocidad a la que se generan los datos en la actualidad, la visualización de datos en tiempo real se está convirtiendo en una necesidad. Esto permite a las empresas reaccionar a los cambios a medida que ocurren, en lugar de depender de datos históricos.

4. ***Personalización:*** Las herramientas de visualización de datos se están volviendo más personalizables para adaptarse a las necesidades individuales de los usuarios. Esto significa interfaces de usuario adaptables, opciones de visualización personalizables y la capacidad de ajustar las visualizaciones para diferentes audiencias.

5. ***Diseño Centrado en el Usuario***: A medida que las herramientas de visualización de datos se vuelven más avanzadas, también se están volviendo más centradas en el usuario. Esto significa interfaces más intuitivas, tutoriales y recursos de aprendizaje incorporados, y una mayor facilidad de uso general.

6. ***Visualizaciones Predictivas***: Con el auge del análisis predictivo, veremos más visualizaciones que no sólo muestren lo que ha sucedido, sino también lo que probablemente sucederá en el futuro.

7. ***Aumento de la Ética en la Visualización de Datos***: A medida que los datos se convierten en una parte cada vez más importante de nuestras vidas, también lo hacen las preocupaciones sobre la privacidad, la seguridad y la ética de los datos. Las tendencias futuras en la visualización de datos probablemente abordarán estas preocupaciones de frente, con un enfoque en la transparencia, la responsabilidad y el consentimiento informado.

Para seguir avanzando en este campo, debemos continuar aprendiendo y explorando. Debemos seguir perfeccionando nuestras habilidades y buscando nuevas formas de contar historias a través de los datos. Y, sobre todo, debemos recordar la importancia de la ética en nuestro trabajo. Al manejar datos, especialmente datos personales o sensibles, debemos hacerlo con el mayor cuidado y respeto.

Así como un faro nos guía a través de la oscuridad, la visualización de datos nos guía a través del vasto mar de información. Es nuestro deber como científicos de datos, diseñadores, periodistas, educadores y ciudadanos, usar este faro para iluminar la verdad, promover el entendimiento y contribuir a un mundo mejor.

Finalmente, te invito a que no veas este último capítulo como el final de nuestro viaje, sino como el comienzo de tu propia aventura. Recuerda que cada desafío que enfrentes, cada error que cometas y cada descubrimiento que hagas, es un paso más en tu viaje de aprendizaje y crecimiento. Te animo a seguir explorando, seguir aprendiendo y seguir amando la visualización de datos. Porque, después de todo, este es solo el comienzo.

Te invito a que sigas aprendiendo, explorando y creciendo en el campo de la visualización de datos. El mar de datos es vasto y siempre cambiante, y siempre habrá nuevas oportunidades para aprender y mejorar. Este viaje puede haber terminado, pero el mundo de la visualización de datos está siempre abierto para exploradores curiosos y valientes.

Y así, aunque llegamos al final de nuestro viaje juntos, es solo el comienzo de muchas más aventuras en el mar de datos. El faro de la visualización de datos continuará brillando, guiándonos a través de la oscuridad y hacia nuevos horizontes.

Con la experiencia de nuestro viaje, ahora nos encontramos en la cima de la montaña de la visualización de datos, observando el vasto panorama que se extiende ante nosotros. Hemos viajado a través de la teoría y la práctica, a través de la ética y la privacidad, y ahora nos encontramos en un lugar donde podemos aplicar todo lo que hemos aprendido.

Al mirar hacia atrás, podemos ver cuánto hemos crecido en nuestra comprensión de la visualización de datos. Nuestro vocabulario se ha ampliado, nuestras habilidades se han perfeccionado, y ahora somos capaces de analizar y crear visualizaciones de datos con confianza y habilidad. Nuestro viaje nos ha llevado a un lugar de mayor comprensión y aprecio por la poderosa herramienta que es la visualización de datos.

Pero al mirar hacia adelante, también vemos que nuestro viaje no ha terminado. La visualización de datos es un campo en constante evolución, con nuevas técnicas y herramientas emergiendo todo el tiempo. Hay mucho más que aprender, y muchas más aventuras que esperan.

Quizás te sientas inspirado para explorar nuevas formas de visualizar datos, para continuar perfeccionando tus habilidades, o incluso para enseñar a otros lo que has aprendido. Quizás quieras embarcarte en tu propio proyecto de visualización de datos, utilizando las habilidades y conocimientos que has adquirido en nuestro viaje juntos.

Sea cual sea el camino que decidas tomar, te deseo todo lo mejor en tus futuras aventuras en el mundo de la visualización de datos. No olvides que el faro de la visualización de datos siempre estará ahí para guiarte, iluminando tu camino a través del mar de información.

¡Así que adelante, valiente navegante de datos! ¡Embárcate en tu próxima aventura, y que las aguas de la visualización de datos siempre te sean propicias!

ANEXO 1- DATALEX: EL LUMINOSO GLOSARIO

- **Analítica visual**: Proceso de descubrir, inferir y comunicar patrones significativos en datos mediante técnicas de visualización.

- **Big Data**: Gran cantidad de datos que no pueden ser procesados o analizados de manera eficiente utilizando los métodos tradicionales.

- **Ciencia de datos**: Interdisciplinario que utiliza métodos científicos, procesos, algoritmos y sistemas para extraer conocimiento e ideas de los datos.

- **Correlación y Causalidad**: Correlación se refiere a la relación estadística entre dos variables. Causalidad se refiere a la afirmación o inferencia de que un evento es el resultado de otro evento.

- **Datos de series temporales**: Datos que representan cómo un solo valor cambia con el tiempo.

- **Diseño de datos**: El proceso de presentar datos de una manera visualmente atractiva y fácilmente comprensible. A menudo implica el uso de elementos gráficos y pictóricos para transmitir información de manera efectiva.

- **Ética de datos**: Área de estudio y práctica que se ocupa de las responsabilidades morales y éticas asociadas con la recopilación, análisis, uso y almacenamiento de datos.

- **Infografía**: Representación visual de información destinada a presentar información de manera rápida y clara.

- **Inteligencia de Negocios (BI)**: Conjunto de estrategias y tecnologías utilizadas por las empresas para el análisis de datos comerciales.

- **Machine Learning (Aprendizaje automático)**: Campo de la inteligencia artificial que utiliza algoritmos y modelos estadísticos para que los sistemas informáticos realicen tareas sin instrucciones explícitas.

- **Narrativa de datos**: El arte y la técnica de contar historias a través de datos. Implica el uso de elementos de visualización de datos para transmitir información de una manera que atraiga y comprometa a los lectores.

- **Privacidad de datos**: Derecho individual a mantener la privacidad y el control sobre sus propios datos personales.

- **Protección de datos**: Procesos y prácticas destinados a proteger datos personales y sensibles de acceso, uso o divulgación no autorizados.

- **Python**: Lenguaje de programación de alto nivel conocido por su sintaxis clara y legible. Es ampliamente utilizado en análisis de datos y visualización de datos.

- **R**: Lenguaje de programación y software de entorno libre para estadística y gráficos. Es ampliamente utilizado por los estadísticos y los científicos de datos.

- **Tablero de control**: Herramienta de visualización de datos que proporciona una vista en tiempo real del rendimiento y los indicadores clave de rendimiento (KPI) de una empresa.

- **Visualización de datos**: Representación gráfica de información y datos. Mediante el uso de elementos visuales como gráficos, gráficos y mapas, la visualización de datos proporciona una forma accesible de ver y entender tendencias, valores atípicos y patrones en   datos.

ANEXO 2 - DESCUBRIENDO TESOROS OCULTOS: DOMINANDO LA VISUALIZACIÓN DE DATOS A TRAVÉS DE UN DESAFÍO REAL

Actividad: ¡Un Arcoíris de Datos!

Descripción: Imagina que eres un pintor, pero tu lienzo es una hoja de cálculos y tus pinturas son datos. ¿Cómo pintarías una imagen que hable por sí misma? Tu tarea es elegir un conjunto de datos, puede ser cualquier cosa, desde los resultados de las últimas elecciones hasta las calificaciones de las películas más populares de IMDB. Ahora, crea un gráfico de barras atractivo usando ese conjunto de datos, experimenta con colores y tamaños de barras para resaltar la información más crucial. ¿Cómo la elección del color y del tamaño puede alterar la interpretación de los datos? Haz una reflexión al respecto. Aquí tienes un tutorial útil[18] para ayudarte en tu viaje.

Ejercicio Práctico para el Capítulo 3: El Mapa de las Visualizaciones: Cómo Crear Representaciones Efectivas de Nuestros Datos

Actividad: ¡Convirtiéndote en un Cartógrafo de Datos!

Descripción: Ahora es tu turno de convertirte en un cartógrafo de datos, pero en lugar de mapas geográficos, estarás creando un mapa de visualizaciones. Para este ejercicio, elige un conjunto de datos con al menos cinco características diferentes. Luego, crea cinco visualizaciones diferentes para representar esas características, cada una de ellas debería ofrecer una visión única de los datos. Analiza cuál de las visualizaciones es más efectiva y por qué. Este tutorial de visualización de datos[19] puede ser un buen punto de partida para ti.

Ejercicio Práctico para el Capítulo 4: Python y Herramientas de visualización: Nuestros Compañeros de Ruta en este Viaje de Visualización de Datos

Actividad: Código de Colores

Descripción: Es hora de ensuciarse las manos con un poco de codificación. Vamos a trabajar con Python y R para crear visualizaciones de datos. Tu tarea es tomar el mismo conjunto de datos y crear visualizaciones de datos en Python utilizando la biblioteca Matplotlib y en R utilizando ggplot2. Luego, compara las dos visualizaciones y reflexiona sobre las diferencias en la codificación y en la estética de las visualizaciones. Para comenzar tu viaje de codificación, puedes utilizar estos tutoriales para Python[20].

Ejercicio Práctico para el Capítulo 5: Navegando Contra la Corriente: Ética en la Visualización de Datos

Actividad: Navegación Ética

---

[18] https://finearttutorials.com/guide/colour-theory-a-guide-for-artists/
[19] tutorial de visualización de datos
[20] Python

Descripción: Ahora, vamos a navegar por el océano de la ética en la visualización de datos. Tu tarea es encontrar ejemplos de visualizaciones de datos en los medios que consideres éticamente cuestionables. Pueden ser gráficos que exageren o minimicen las diferencias, que omitan información crucial o que utilicen colores y formas engañosas. Escribe un breve ensayo explicando por qué consideras que estas visualizaciones son éticamente cuestionables y cómo podrían mejorarse. Este artículo sobre la ética en la visualización de datos[21] podría ayudarte a comenzar con tu análisis.

Ejercicio Práctico para el Capítulo 7: Contando Historias a Través de los Datos: La Magia de la Narrativa

Actividad: Narrando con Datos

Descripción: Uno de los aspectos más emocionantes de la visualización de datos es su capacidad para contar historias. En este ejercicio, te desafiamos a seleccionar un conjunto de datos de tu interés y a crear una visualización que cuente una historia. La clave aquí es ir más allá de la mera representación de los datos y pensar en cómo se puede usar la visualización para resaltar tendencias, hacer comparaciones y revelar información oculta. Consulta este enlace[22] para obtener algunos consejos sobre cómo contar historias con datos.

Ejercicio Práctico para el Capítulo 8: Navegando Hacia el Horizonte: La Visualización de Datos en la Práctica Industrial

Actividad: Diseñando para la Industria

Descripción: Para este ejercicio, te convertirás en un consultor de visualización de datos para una empresa ficticia. Deberás diseñar un tablero de visualización de datos que ayude a la empresa a tomar decisiones basadas en datos. Este tablero podría estar relacionado con cualquier aspecto de la empresa, desde las ventas hasta la logística, pasando por el servicio al cliente. La clave es pensar en cómo los datos pueden ser visualizados de forma que faciliten la toma de decisiones. Aquí tienes un enlace[23] con un curso para el diseño el diseño de reportes en Power BI.

Ejercicio Práctico para el Capítulo 9: Un Viaje Inolvidable: Proyecto Final de Visualización de Datos

---

[21] https://www.tableau.com/blog/guest-post-code-ethics-data-visualization-16052
[22] https://help.tableau.com/current/pro/desktop/en-us/story_best_practices.htm
[23] https://learn.microsoft.com/en-us/training/modules/power-bi-effective-reports/

Actividad: El Gran Proyecto Final

Descripción: Este es tu momento de brillar. Es el momento de aplicar todo lo que has aprendido durante el curso. Elige un tema que te apasione y un conjunto de datos relevante, y crea una visualización de datos completa que cuente una historia, cumpla con los principios éticos y de privacidad, y sea estéticamente agradable y fácil de entender. Puedes consultar este enlace[24] para obtener una guía completa de cómo crear una visualización de datos interactiva.

Ejercicio Práctico para el Capítulo 10: El Faro que Nos Guía: Reflexiones Finales y el Futuro de la Visualización de Datos

Actividad: Mirando hacia el Futuro

Descripción: Con todo lo que has aprendido y practicado en este curso, queremos que reflexiones sobre el futuro de la visualización de datos. ¿Qué tendencias emergentes ves? ¿Cómo crees que la visualización de datos cambiará en los próximos años? Escribe un ensayo corto (1-2 páginas) donde explores estas preguntas y otras que puedas tener sobre el futuro de este fascinante campo. Aquí tienes un enlace[25] a un blog que discute algunas de las posibles tendencias futuras en la visualización de datos.

---

[24]   https://towardsdatascience.com/a-complete-guide-to-an-interactive-geographical-map-using-python-f4c5197e23e0
[25] https://medium.com/swlh/how-data-visualization-is-going-to-look-like-in-the-future-dd6c69a4162e

ANEXO 3 - EL BAÚL DEL NAVEGANTE: RECURSOS ADICIONALES PARA REFORZAR TU TRAVESÍA EN LA VISUALIZACIÓN DE DATOS

A lo largo de nuestro viaje a través de la visualización de datos, hemos tocado una amplia gama de temas, desde los principios del diseño de la visualización hasta la ética y la protección de los datos. Aunque hemos intentado ser lo más completos posible, sabemos que algunos de ustedes pueden querer explorar ciertos temas con más profundidad. Aquí hay algunos recursos que podrían ser útiles:

1. Libros:

- "The Functional Art: An introduction to information graphics and visualization" por Alberto Cairo. Este libro proporciona una excelente visión general de los fundamentos de la visualización de datos. Puedes encontrarlo aquí.

- "Storytelling with Data: A Data Visualization Guide for Business Professionals" por Cole Nussbaumer Knaflic. Este libro se centra en cómo usar la visualización de datos para contar historias efectivas en un contexto empresarial. Puedes encontrarlo aquí.

2. Cursos online:

- "Data Visualization and D3.js" en Udacity: Este curso gratuito ofrece una introducción a D3.js, una popular biblioteca de JavaScript para la visualización de datos. Puedes encontrarlo aquí.
- "Information Visualization" en Coursera: Este curso se centra en las técnicas y teorías avanzadas de la visualización de información. Puedes encontrarlo aquí.

3. Blogs y sitios web:

- FlowingData.com: Este es el blog de Nathan Yau, donde comparte muchos tutoriales y ejemplos de visualización de datos.
- Pudding.cool: The Pudding es una revista digital que utiliza visualizaciones de datos interactivas para contar historias.
- DataVizCatalogue.com: Este es un recurso útil que clasifica diferentes tipos de visualizaciones de datos y explica cuándo y cómo se deben usar.
- Gapminder.com: Este es un recurso útil para entender cómo se pueden utilizar las visualizaciones de datos para contar historias sobre cambios a largo plazo en el mundo.
- Data Story Gallery – Power BI[26]: Es una excelente galería de visualizaciones realizadas por la comunidad de Power BI, que pueden servir de inspiración y aprendizaje.
- Data Gallery – Tableau[27]: Es una excelente galería de visualizaciones realizadas por la comunidad de Tableau, que pueden servir de inspiración y aprendizaje.

4. Conferencias y talleres:

- OpenVisConf.com: Una conferencia anual dedicada a la visualización de datos con código abierto.
- Tableau Conference[28]: Una conferencia global para los usuarios de Tableau, una popular herramienta de visualización de datos.

Estos son solo algunos de los recursos disponibles. La visualización de

[26] https://community.fabric.microsoft.com/t5/Data-Stories-Gallery/bd-p/DataStoriesGallery
[27] https://public.tableau.com/app/discover
[28] https://tc20.tableau.com/

datos es un campo vibrante y en constante evolución, y hay mucho más por descubrir. Recuerda, el aprendizaje es un viaje, y estamos emocionados de ver a dónde te lleva el tuyo.

CAPÍTULO 1: Nuestro Destino: El Fascinante Mundo de la Visualización de Datos
- Curso de Introducción a la Visualización de Datos[29] (Curso de Coursera que proporciona una base sólida en visualización de datos usando Python)

CAPÍTULO 2: Colores, Formas y Tamaños: El Arte del Diseño en la Visualización de Datos
- Data Visualization for Storytelling and Discovery[30] (Curso de Class central sobre cómo diseñar visualizaciones de datos eficaces)

CAPÍTULO 3: El Mapa de las Visualizaciones: Cómo Crear Representaciones Efectivas de Nuestros Datos
- Data Visualization Catalogue[31] (Un recurso en línea que proporciona una lista de diferentes tipos de visualizaciones y cuándo usar cada uno)

CAPÍTULO 4: Python y Herramientas de visualización: Nuestros Compañeros de Ruta en este Viaje de Visualización de Datos
- Data Visualization with Python and Matplotlib[32] (Curso de Coursera sobre la visualización de datos con Python y Matplotlib)

CAPÍTULO 5: Navegando Contra la Corriente: Ética en la Visualización de Datos
- Ethics and ethical data visualization: A complete guide (Artículo de Vibor Cipan que proporciona una guía sobre la ética de la visualización de datos)

CAPÍTULO 6: Manteniendo el Rumbo: Protección de Datos y Privacidad en Nuestras Visualizaciones
- Privacy-Preserving Data Visualization: Reflections on the State of the Art and Research Opportunities[33] (Estudio sobre cómo proteger la privacidad y la seguridad en el proceso de visualización

---

[29] https://www.coursera.org/learn/python-plotting
[30] https://www.classcentral.com/course/independent-data-visualization-for-storytelling-and-discovery-11702
[31] https://datavizcatalogue.com/
[32] https://www.coursera.org/learn/python-plotting
[33] https://www.researchgate.net/publication/341764154_Privacy-Preserving_Data_Visualization_Reflections_on_the_State_of_the_Art_and_Research_Opportunities

de datos)

CAPÍTULO 7: Contando Historias a Través de los Datos: La Magia de la Narrativa

- Storytelling with Data: Let's Practice![34] (Un libro que proporciona ejemplos prácticos y consejos sobre cómo contar historias con datos)

-

CAPÍTULO 8: Navegando Hacia el Horizonte: La Visualización de Datos en la Práctica Industrial

- Customer stories – Power BI[35] (Una serie de historias de éxito con Power BI que muestran cómo diferentes industrias utilizan la visualización de datos)
- Customer stories - Tableau[36] (Una serie de historias de éxito con Tableau que muestran cómo diferentes industrias utilizan la visualización de datos)

CAPÍTULO 9: Un Viaje Inolvidable: Proyecto Final de Visualización de Datos

- D3 Gallery[37] (Una galería de proyectos de visualización de datos que utilizan D3.js para inspiración)

CAPÍTULO 10: El Faro que Nos Guía: Reflexiones Finales y el Futuro de la Visualización de Datos

- Data Analytics Trends You Need To Know[38] (2023) (Discute las tendencias de la analítica de datos y como esta se refleja en el futuro de la visualización de datos)

---

[34] https://www.amazon.com/Storytelling-Data-Lets-Practice/dp/1119621496
[35] https://powerbi.microsoft.com/en-us/customer-showcase/
[36] https://www.tableau.com/solutions/customers
[37] https://observablehq.com/@d3/gallery
[38] https://www.youtube.com/watch?v=Fv0dlGGIKTQ

ANEXO 4 – INFOGRAFIAS
CONTAR HISTORIAS CON DATOS

5 PASOS

CONTAR UNA HISTORIA CON TUS DATOS

1 ESTABLECER UN CONTEXTO CLARO

Antes de sumergir al espectador en los datos, es esencial desplegar las anclas que definan a dónde vamos. Esto implica clarificar el qué, el quién, el cuándo y el por qué de los datos que se van a presentar.

2 CONSTRUIR UNA TRAMA

Así como en cualquier historia, una visualización de datos efectiva necesita tener una trama con su comienzo, desarrollo y un final a través de un orden lógico y secuencial, permitiendo que la historia se desarrolle paso a paso.

3 USO DE PERSONAJES Y CONFLICTOS

Los personajes son las entidades sobre las que se recopilan los datos, y los conflictos a menudo surgen de las comparaciones o cambios en los datos a lo largo del tiempo.

4 PUNTOS EMOCIONALES Y DE ENFOQUE

Utilizar colores, tamaños y formas de manera efectiva puede crear momentos emocionales que capturen la atención y resalten aspectos importantes de la historia.

5 CONCLUSIÓN Y LLAMADO A LA ACCIÓN

Al igual que una buena historia se debe tener un cierre. Esto implica resumir los puntos clave e incluir un llamado a la acción. ¿Qué debe hacer el espectador con la información presentada? ¿Hay un paso a seguir o una conclusión a la que llegar?

INFORMACIÓN DEL AUTOR
JULIAN GRIJALBA FACUNDO

Con más de 15 años de experiencia en consultoría TI y empresas de renombre mundial, este profesional es apasionado con el poder de los datos para impulsar el éxito empresarial. Especializado en inteligencia empresarial, inteligencia artificial y análisis estratégico, ha dejado su huella en organizaciones como Kimberly-Clark, Nielsen, BBVA y más.

Su amplia experiencia en diferentes países y culturas empresariales lo convierte en un líder versátil y adaptable. Con títulos de máster en Business Intelligence e inteligencia artificial, su última conquista es un MBA el cual permitirá crear ese puente tan interesante entre los negocios y sus datos, transformando de esta forma a las empresas en auténticas potencias "Data-driven".

Ahora prepárate para descubrir cómo los datos pueden revolucionar tu negocio y cómo puedes marcar la diferencia en esta era de la información. ¡No pierdas la oportunidad de ser parte de este emocionante viaje hacia el éxito empresarial!

Te dejaré mis datos de contacto si tienes dudas, ideas o simplemente seguir avanzando con el mundo de los datos , estaré dispuestos a apoyarte.
Linkedin: https://www.linkedin.com/in/juliangrijalba/
e-mail: julian@here4data.com

¿Y QUÉ SIGUE?

¡Ah, querido lector, la aventura apenas comienza!

Este primer libro que ya has devorado te embarcó en un fascinante viaje a través de los mares de la visualización de los datos. Pero prepárate, porque lo que viene es aún más épico y trascendental.

El segundo libro de esta serie te llevará en una odisea que desciende a las profundidades del planeta, donde los secretos más ocultos de los datos esperan ser descubiertos. Imagina ser un audaz explorador en un Viaje al Núcleo de los Datos, tal como si te adentraras al centro de la Tierra. Con cada capa que traspasas, la intensidad aumenta mientras desentrañas los misterios de los Data Lakes, Data Warehouses y más. Los datos se tornan más crudos, más puros, y la emoción se dispara.

Pero no nos detendremos ahí. El tercer libro nos lanzará al espacio exterior, directo al cosmos de la ciencia de datos. Como un astronauta desafiando la gravedad, exploraremos este vasto universo en busca de estrellas de conocimiento, superando los retos que parecen imposibles y descubriendo que, en realidad, la ciencia de datos es más accesible y emocionante de lo que nunca imaginaste.

Así que, abróchate el cinturón y prepárate, porque este viaje es una montaña rusa de conocimientos y descubrimientos que transformarán tu perspectiva de los datos para siempre. ❑❑❑

GRACIAS ESPECIALES

Esta edición esta dedicada a la recolección de fondos para Pelusa, famoso perseguidor de aspiradoras y campeón en hacer caras de "loco", el cual un día decidió ser mi amigo y desde entonces me ha hecho feliz cada vez que lo veo con sus locuras.

Sin embargo Pelusa esta enfrentando una batalla épica entre la vida y la muerte, hoy lucha valientemente contra un enemigo temible: la PIF, una enfermedad compleja y mortal. Pero en medio de la oscuridad, un ángel ha aparecido en su camino, trayendo consigo un rayo de esperanza. Este ángel ha identificado un tratamiento revolucionario, aunque costoso, que ha otorgado a Pelusa la oportunidad de librar esta lucha durante 83 días. Cada día es ahora un tesoro invaluable, lleno de fuerza, amor y la determinación de superar todas las adversidades. Juntos, Pelusa y su ángel desafiarán al destino, escribiendo una historia de coraje y perseverancia que resonará en los corazones de todos los que presenciemos su increíble travesía.

Y para mi *no hay precio que pueda medir el valor de una vida*, especialmente la de un amigo tan querido.

Por eso, esta edición será donada en su totalidad e irá directamente a financiar el tratamiento médico de Pelusa.

Aca él les deja un mensaje.

❤ #PelusaElValiente ❤

Muchas gracias

SIN CORAZONES TAN GENEROSOS COMO EL TUYO, MI
BATALLA CONTRA EL PIF SERÍA INALCANZABLE.
¡MUCHAS GRACIAS POR SER EL VIENTO BAJO MIS ALAS!
POR LOS PRÓXIMOS 83 DÍAS Y MÁS ALLÁ,
PERMANECERÉ FUERTE, DETERMINADO Y LISTO PARA
TRIUNFAR SOBRE ESTE MONSTRUO.
¡JUNTOS, PODEMOS Y VENCEREMOS!"